HANS-JOACHIM & RUTH HEIL

Liebe kennt eine Grenze

edition TROBISCH

HANS-JOACHIM & RUTH HEIL

Liebe kennt eine Grenze

edition
TROBISCH

hänssler – Paperback
Bestell-Nr. 854.161
ISBN 3-7751-9161-5

Titelfoto: Project-Fotos
Umschlaggestaltung: Daniel Kocherscheidt
Druck und Bindung: St.-Johannis-Druckerei, Lahr
Printed in Germany

Vorwort

Dies ist die Geschichte von zwei jungen Menschen, die wir auf ihrem Weg begleiten durften. Markus und Stefanie haben uns einen Teil ihres Briefwechsels zur Verfügung gestellt. Und auch in das Tagebuch von Stefanie durften wir uns einlesen. Wir, mein Mann und ich, konnten die beiden auf dem Weg durch ihre Verlobungszeit begleiten. Wir erlebten ihre Kämpfe mit, wir nahmen aber auch teil an ihrer Freude und ihrem tiefen Zusammenwachsen.

Diese Briefe aus ihrer Verlobungszeit möchten Markus und Stefanie mit all denen teilen, die um die Einzigartigkeit der Liebe wissen und diese Kostbarkeit nicht leichtfertig verschenken wollen.

Ruth Heil

Vorgeschichte

Für ein Jahr lebe ich als Haustochter bei Familie Staß. Nach der Mittleren Reife öffnete sich mir dieser Weg. Meine Eltern hatten sehr gewünscht, daß ich das Abitur mache. Doch ich hatte von der Schule genug. Da ich Krankenschwester werden wollte, durfte ich dann doch abgehen. Ich fühlte mich von einer großen Last befreit und freute mich richtig darüber, etwas Praktisches zu tun. Allerdings gab es schon manche Konflikte. Die vier Kinder im Alter von 2 bis 9 Jahren halten mich ganz schön auf Trab, und auch das Kochen geht etwas schleppend voran. Das viele Kartoffelschälen ist ganz schön mühsam. Doch ich werde es schon schaffen.

Bevor ich die Zeit hier begann, habe ich mich von Benno getrennt. Wir kannten uns schon ein Jahr und mochten uns sehr. Aber ich habe gespürt, daß ich noch nicht reif genug bin für eine „endgültige" Liebe. Er hätte sich so gerne schon mit mir verlobt, doch ich fühlte mich dazu nicht fähig. Nun bat ich um ein Jahr Bedenkzeit, um in Freiheit prüfen zu können, ob ich ja dazu sagen kann. Ich finde es großartig, daß er mich freigab, zumal ich merkte, wie schwer es ihm fiel.

Erste Begegnung

Vier Monate lebe ich schon hier in der Familie und entdecke Tag für Tag, was ich noch zu lernen habe. Hausarbeit ist wirklich keine Kleinigkeit. Heute habe ich eine wunderschöne Bluse mit dem Bügeleisen angesengt! Am liebsten hätte ich mich danach verkrochen. Ich staune, wieviel Geduld mir entgegengebracht wird und bin dankbar.

Nun werden wir umziehen. Zwar ziehen wir nur ein paar Straßen weiter, jedoch ist es eine Menge Arbeit. Inmitten des Trubels ist etwas Tolles passiert. Es klingelte. Ein junger Mann stand vor der Tür. Er sagte, er wolle beim Umzug helfen. Ich weiß selber nicht, was seitdem mit mir los ist: Er geht mir einfach nicht aus dem Sinn. Markus heißt er. Ich habe Schuldgefühle Benno gegenüber und schäme mich, daß ich so sehr an einen anderen denke, von dessen Gefühlen mir gegenüber ich gar nichts weiß.

Dienstag- und Donnerstagabend habe ich in der Volkshochschule einen Kurs in Französisch belegt. Durch meinen mehrwöchigen Aufenthalt in der Schweiz habe ich im Kurs ziemlich viel versäumt. Herr Staß hat nun vorgeschlagen, daß Markus mir Nachhilfestunden geben könnte. Ich bin einverstanden und auf diese Stunden äußerst gespannt.

Markus bereitet sich auf das Abitur vor und ist sehr sprachbegabt. Zweimal in der Woche ißt er mit uns zu Mittag. Er ist sehr still – das mag ich sehr –, und er ist auch ausgesprochen höflich. Nach dem Mittagessen trocknet er mir immer das Geschirr ab. Dabei führen wir interessante Gespräche.

Er ist wirklich ein feiner Mensch, und meine anfänglich spontanen Gefühle für ihn wurden nur noch stärker. Doch niemals hätte ich ihm das gezeigt. – Meinem Bruder liefen immer viele Mädchen nach. Er sagte einmal bei dieser Gelegenheit, als eine ihm zu sehr zeigte, wie sie ihn mochte: „So eine würde ich nie heiraten! Vielleicht klingt das altmodisch, aber ich will um meine Frau werben können, ich will sie nicht so billig haben. Schwesterchen, merk dir das! Lauf nie einem Mann nach!" Heute merkte ich nun, wie gut ich daran tat, Markus meine Gefühle für ihn nicht gezeigt zu haben: Er war mit seiner Freundin da, um sie der Familie Staß vorzustellen. Als die beiden gegangen waren und wir später beim Kaffee saßen, tauschte das Ehepaar Staß ihre Gedanken über dieses Mädchen aus. Die Beurteilung fiel sehr positiv aus.

Ich spürte, wie mich das tief verletzte. Und ich fragte mich nun, warum. Setze ich mich in Gedanken an seine Seite und fühle ich mich als die bessere Partnerin für ihn, obwohl ich ihn erst flüchtig kenne? Eigentlich schäme ich mich wegen dieser Gedanken, zumal ich mich von Benno getrennt habe und dieses Mädchen Markus gewiß auch sehr mag! Inwieweit bin ich Benno gegenüber zur Treue verpflichtet? Was bedeutet Treue in einer Freundschaft? Kann man etwas auflösen, ohne zu verletzen? Wie groß oder wie klein ist meine Liebe zu einem Menschen, der mir einmal so viel bedeutete? Wie ist es möglich, daß meine Gefühle für einen anderen so stark entbrennen, ohne daß ich die seinen kenne?

Meine erste Französischstunde! Dieser Mensch ist wirklich intelligent. Man könnte richtig Komplexe bekommen. Doch er gibt nicht damit an. Er nahm mich ernst mit meinen geringen Kenntnissen und half mir so, ja fast möchte ich sagen „liebevoll", weiter. Seine ausgesprochene Höflichkeit verbirgt seine Gefühle vor mir. Ich mag ihn sehr.

Meine zweite Stunde diese Woche. Ob er beim Umschlagen der Seite absichtlich zweimal meine Hand streifte? Ich bin ganz aufgelöst. Wenn es so weitergeht, werde ich diese Stunden abbrechen. Ich bin fast unfähig, etwas aufzunehmen. Wie schwer ist es, Gefühle unter Kontrolle zu bringen!

Die Französischstunden gehen weiter. Ich bin eine eifrige Schülerin, aber es ist nicht nur wegen Französisch! Zehn Stunden hatte ich schon. Heute lernte ich den Satz: „Mein Herz schlägt zum Zerspringen, wenn ich an dich denke." Das machte mich doch stutzig. In der Schulzeit haben wir im Unterricht nie solche Liebeserklärungen gelernt.

Markus war wieder zum Mittagessen da. Er hatte, wie immer, abgetrocknet und sich danach verabschiedet. Die Haustür war ins Schloß gefallen, als die kleine Daniela in der Küchentür stand. Sie schaute mir nachdenklich beim Wegräumen des Geschirrs zu und meinte dann, mit einem süßen Lächeln auf dem Gesicht: „Stefanie, der liebt dich!" Ich mußte lachen. Doch die Beobachtungen dieses kleinen Mädchens machten mich froh.

Französischstunden! Ich lebe die ganze Woche auf diese Abende hin! Heute bat mich Markus um einen anschließenden Spaziergang. Es war schon ziemlich dunkel, als wir durch einige Seitenstraßen schlenderten. Beim Gehen nahm er dann sachte meine Hand in die seine. Wie mein Herz pochte! Wir gingen ganz still weiter, ohne ein Wort zu sprechen: meine Hand in der seinen. Welche Gefühle, welche Gedanken: „Stefanie, er liebt dich", ging es mir durch den Sinn!

Ich bin froh, auf dieses Zeichen seiner Liebe gewartet zu haben. Unsere Liebe zueinander wächst. Zwölf Wochen kennen wir uns nun schon. Zuerst war es eine kleine Quelle, schon aber spüre ich, wie aus dem Bächlein ein Fluß wird. Wir fühlen, wie unsere Verbundenheit wächst, geben Fehler preis und tasten uns in die Seele des anderen hinein. Die Vergangenheit beschäftigt uns, wir gestalten miteinander einen Teil der Gegenwart und teilen unsere Träume über die Zukunft. – Wie verschieden wir sind! Ich staune immer neu darüber.

Herr Staß sagte mir dieser Tage, daß er von Markus einen Brief erhalten habe. Als ich noch am Überlegen war, wie ich darauf reagieren sollte, fuhr er fort: „In diesem Brief stand folgender Satz: 'Stefanie ist packend wie eine Grammatik und aufregend wie eine fremde Sprache!'" Nun wußte er also, daß zwischen uns mehr gewachsen war als ein Lehrer-Schüler-Verhältnis! Der Ausspruch von Markus beschäftigt mich. Niemals würde ich eine Grammatik packend finden, noch eine Sprache aufregend. Ich hätte es eher so ausgedrückt: „Markus fasziniert mich wie ein wunderschönes Gemälde oder die Harmonie eines herrlichen Konzertes" oder „Er ist hinreißend wie das Lernen eines neuen Instruments!" Was bei ihm Sprache ist, ist für mich die Musik; wo er sich durch wissenschaftliche Zusammenhänge hinreißen lassen kann, motiviert mich eine schöne Landschaft eher zu einem Gedicht. Ob das gutgehen kann?

Mein 18. Geburtstag steht vor der Tür. Nach einem Jahr werde ich Benno wiedersehen. Über diese Freundschaft habe ich viel mit Markus geredet, denn ich möchte mich mit Benno treffen, um mir über meine Gefühle klarzuwerden.

Nun stehe ich in einem Konflikt. Ich habe Markus kennengelernt und habe den Eindruck, daß wir besser zueinander passen. Doch mich überfällt das Gefühl von Untreue, wenn ich an meine Freundschaft mit Benno denke, dessen Bild ich ja auch noch im Herzen trage. Spielen will ich mit keinem von beiden, doch mich zu entscheiden, fällt mir ungeheuer schwer. Ich habe mit Markus ganz offen darüber gesprochen. Großartig fand ich, was er antwortete: „Du weißt ja, daß meine frühere Freundschaft in die Brüche ging. Trotzdem: Fühle dich ganz frei in deiner Entscheidung! Ich will dich in keiner Weise unter Druck setzen. Es würde mir entsetzlich schwerfallen, dich wieder loszulassen, doch weit schlimmer fände ich, wenn du dich nur für mich entscheidest, weil du mich nicht verletzen willst. Ich will geduldig warten, bis du weißt, wie du dich entscheiden willst." Diese Worte haben mich sehr bewegt. Wie hätte es mich enttäuscht, wenn das Umgekehrte der Fall wäre! Wie wäre ich voller Vorwürfe über die Wahrhaftigkeit seiner Liebe, hätte es ein anderes Mädchen für ihn gegeben! Diese Aussage von ihm läßt mich ihn nur noch inniger lieben. Wer mich aus Liebe in diese Freiheit entläßt, wird mir auch Freiheit und Entfaltungsmöglichkeiten gewähren!

Tagebuch

Trennung

Am Sonntag, einen Tag vor meinem Geburtstag, habe ich Benno wiedergesehen. Er kam mit einem großen Strauß dunkelroter Rosen. Welch ein Glück, welche Wiedersehensfreude leuchtete aus seinen Augen! – Und was ging in meinem Herzen vor? Ich kam mir richtig gemein vor, hinterhältig, wie ein Versager, wie einer, der sein Wort gebrochen hat. Er wertete meine Zurückhaltung als ein Zeichen der Entfremdung und nahm es nicht so tragisch. Zu viel Freude stand für ihn im Vordergrund.

Wir führten ein sehr intensives Gespräch miteinander, in dem ich neu erkannte, welch ein wertvoller Mensch er ist. – Und auch er ließ mich los in die Freiheit mit einem anderen! Als er sich verabschiedet hatte, brachte ich ihn zur Tür. Langsam ging er die Straße hinunter, ohne sich noch einmal umzublicken. Am liebsten wäre ich hinterhergelaufen, hätte ihn umarmt, getröstet. Aber ich war es, die ihn verletzt hatte! Ich merkte, wie ein Band zerriß, das uns bis dahin noch verbunden hatte. Ich fühlte diesen heftigen Schmerz, verletzt zu haben, ohne trösten zu dürfen.

Am Nachmittag, als Markus kam, war ich noch völlig aufgelöst. Meine Augen waren verweint vor Schmerz um einen anderen. Einfach verrückt! Und Markus mußte mich trösten. Er tat es in liebevoller, verständnisvoller Weise.

Tagebuch

Warten und Leiden oder Warten und Reifen
Ostern: Begegnung

An Ostern waren wir auf einer Jugendtagung. Das Thema lautete: Begegnung. Begegnung miteinander, Begegnung mit Jesus.

Wir erarbeiteten gemeinsam, was im Leben der Menschen geschah, die Jesus begegneten. Wer Jesus begegnet war, der sah sich vor eine Entscheidung gestellt, ohne daß er gefragt wurde. In ihm brannte die Frage: mit diesem Jesus oder ohne ihn. Und aufgrund dieser Entscheidung veränderte sich dann sein ganzes Leben. Denn mit Jesus gehen heißt: ihm folgen, auf ihn hören, bei ihm bleiben – bedingungslos. Und dies alles nicht deshalb, weil er als Diktator blinden Gehorsam verlangt, sondern weil er, der Vergangenheit, Gegenwart und Zukunft kennt, das Beste für unser Leben will.

Wer Jesus begegnet, wird auch den Menschen anders begegnen. Wenn seine Normen zu den unseren werden, wird es sich in unserem Verhalten zeigen, in unserem Wesen, ja auch in unserem Denken.

In diesen Tagen dachte ich sehr viel über mein Verhältnis zu Markus nach. Ist Jesus mir so wichtig, daß ich ihm bedingungslos folgen will? Vertraue ich ihm wirklich, d. h. traue ich ihm zu, daß er das Beste für mein Leben weiß und will? Ich merke meine geheime Angst, er könne mir meinen Liebsten nehmen. Auch spüre ich, wie ich manchmal zweifle, er könne mich Wege führen, die ich nicht will. Nein, ich bin noch nicht soweit, daß ich bedingungslos an Gottes Liebe zu mir glaube. Wer ihm nicht ganz vertraut, tut sich schwer, ihm zu gehorchen. Er fühlt sich bei allen Ereignissen verpflichtet, zu prüfen, ob Gott vielleicht nicht doch einen Fehler begangen haben könnte.

Hans-Joachim und Ruth Heil waren die Leiter dieser Jugendtage. Heute, am letzten Tag sprach Ruth uns an: „Ihr scheint euch sehr zu mögen!" Dies bejahten wir natürlich. „Habt ihr schon konkrete Vorstellungen über eine gemeinsame Zukunft?" fragte sie weiter. Auch dazu nickten wir. „Und wieviel Wartezeit liegt noch vor euch?" Ich seufzte. „Rein menschlich gesehen ist es eine fast aussichtslos lange Zeit! Ungefähr fünf Jahre." – „Welches Konzept habt ihr für diese Zeit?" drang sie weiter in uns. „Warten und Leiden", antwortete Markus. „Wie wäre es mit Warten und Reifen? Dabei braucht man nur zwei Buchstaben zu verändern. Und man tritt dadurch aus der Defensive des Leidens in die Offensive, etwas zum eigenen Wachstum beizutragen", entgegnete sie.

Und dann kam etwas Außergewöhnliches. Ruth fragte: „Darf ich euch auf diesem Weg begleiten?" Wir führten ein sehr gutes Gespräch miteinander. Ruth und Hans-Joachim rieten uns, solche Situationen zu meiden, die uns körperlich in Versuchung führen könnten. Wir schrieben uns Reiseregeln für unsere Freundschaft auf, um miteinander auf dem Weg zum Ziel zu wachsen, und nicht, um aneinander und miteinander scheitern zu müssen.

Von Stefanie an Ruth Heil

Liebe Ruth,

es war einfach prima, daß Du uns an Ostern angesprochen hast. Es macht mich richtig dankbar, wenn ich darüber nachdenke, daß uns nun jemand auf unserem Weg begleitet. Ihr habt uns ernst genommen und uns nicht dauernd vorgehalten, daß wir zu jung seien. Ja, ich gebe zu, daß wir jung sind. Deshalb ist unsere Zuneigung füreinander aber nicht weniger herzlich. Wir mögen uns wirklich sehr. Nun haben wir uns zusammengesetzt, um darüber nachzudenken, welche Situationen uns wankend machen könnten, dem, was wir uns vorgenommen haben, treu zu bleiben. Wir merken nämlich jetzt schon, wie es uns zueinander zieht, besonders auch körperlich. Ich fühle mich nach Konfliktsituationen zu Hause bei Markus so richtig geborgen. Wenn es zeitlich möglich ist, setze ich mich dann einfach in den Bus und fahre zu ihm. Bald wird das nicht mehr möglich sein, weil ich in Heidelberg meine Schwesternausbildung beginne. Aber ich habe Angst vor dieser Trennung, Angst, daß Markus ein anderes Mädchen treffen könnte, das er mehr mag als mich, – Angst auch, daß, wenn wir uns körperlich nicht näher kommen, Markus sich woanders Zärtlichkeiten sucht.

Trotzdem war unser gemeinsames Gespräch über unseren weiteren Weg sehr positiv. Wir haben miteinander „erarbeitet", welche Momente uns in Versuchung führen könnten, die wir deshalb meiden wollen. Diese Regeln sollen uns helfen, auf der Reise unserer Freundschaft das Ziel vor Augen zu behalten. Danke, daß Ihr uns dabei begleiten wollt.

Ganz lieben Gruß

Deine Stefanie

Reiseregeln für unsere Zeit der Freundschaft

Hiermit verpflichten wir, Markus und Stefanie, uns, zu unserer eigenen Hilfe folgende Regeln einzuhalten:

- Wir übernachten nicht im gleichen Haus.
- Spätestens um 22 Uhr verabschieden wir uns voneinander (Ausnahme: Konzertbesuche etc.).
- Wir entkleiden uns nicht voreinander.
- Keine Hand unter dem Pullover, keine Berührung der erogenen Zonen.*
- Wir treffen uns nicht im Haus der Eltern, wenn außer uns niemand zu Hause ist.
- Wir schließen die Tür nicht ab, wenn wir im Zimmer sind.
- Wir wollen uns erst dann einander schenken, wenn unser Ja vor Gott und den Menschen rechtlich gültig ist.

Wir tun dies freiwillig, weil wir merken, wie wichtig es für uns beide ist. Miteinander sprechen zu lernen ist schwerer, als sich einander körperlich hinzugeben. Das ist der Teil, den wir vor der Ehe lernen wollen.

Markus und Stefanie

* Erogene Zonen sind die Bereiche des Körpers, deren Berührung sexuelle Reize auslösen, z.B. Brust, Genitale, Oberschenkel.

Von Stefanie an Ruth Heil

Liebe Ruth,

heute komme ich endlich dazu, Deinen lieben Brief zu beantworten. Mein Praktikum bei Familie Staß liegt nun hinter mir. Es war eine reiche Zeit. So sehr mich die Kinder manchmal nervten, so sehr vermisse ich sie jetzt. Eigenartig, wie sich Dinge verändern, wenn man Abstand gewinnt.

Ich bin froh, daß Du uns an Ostern angesprochen hast. Vielleicht hätten wir sonst schon „Schiffbruch" erlitten. Denn unsere Liebe zueinander wächst täglich und stündlich! Wir hatten ja in unseren Richtlinien eigentlich vermerkt, uns nicht soviel zu küssen. Und wir hatten auch den Willen, es einzuhalten. Doch wir haben es nicht geschafft. Ja, wir sind vor uns selbst enttäuscht darüber.

Nun wird Markus ja bald sein Abitur abschließen. Eigentlich kann nicht mehr viel dabei mißlingen. Er hat vor, danach gleich seinen Ersatzdienst zu leisten. Nun hat er sich schon an allen möglichen Orten umgehört. In Stuttgart scheint er die größten Möglichkeiten zu haben. Aber dann wären wir ungefähr siebzig Kilometer voneinander entfernt. Ich habe Angst vor dieser Trennung. Doch ich glaube nicht, daß ich das Recht dazu habe, ihn aufzuhalten, zumal er bei der Bundeswehr noch viel weiter weg versetzt werden könnte.

Liebe Grüße

Deine Stefanie

Von Ruth Heil an Stefanie

Liebe Stefanie,

danke für Deine Post. Ich wünschte, daß alle jungen Menschen soviel nachdenken würden wie Ihr. Daß Du Dir in Markus den Partner fürs Leben wünschst, ist ein gutes Ziel. Es zeigt, daß Du es ernst meinst, daß Du nicht mit ihm spielst. Allerdings habt Ihr noch viel Zeit vor Euch. Zuviel Zärtlichkeit wird mit Sicherheit alles zerstören. Denn damit nehmt Ihr einander die Fähigkeit zu reifen. Ihr beide braucht nicht nur Zeit miteinander, sondern sehr viel mehr mit Gleichgeschlechtlichen. Eure eigene Identität muß klar sein, bevor Ihr Euch so fest bindet. Wer nicht weiß, wer er selbst ist, lenkt den anderen in falsche Bahnen und erwartet vom anderen Verständnis in Dingen, die in ihm selbst ganz anders angelegt sind.

Als Richtlinien:

1. Verliert die Angst, den anderen zu verlieren! Wenn Gott Euch füreinander bestimmt hat, wird niemand Euch entzweien können.
2. Vom Abstand her habt Ihr einen viel schärferen Blick. Bindet Euch nicht durch Versprechungen, die Euch unfrei machen.
3. Die Chance, fürs Leben beieinander zu bleiben, liegt im folgenden: Behaltet Euch die Reinheit! – Dies ist der größte Anreiz. Lernt den anderen kennen mit seinen Gaben und Grenzen und Fehlern, mit seiner Begeisterung, seiner Verwundbarkeit und seinen Tiefen.

Je weniger Ihr Euch körperlich kennt – auch durch Küsse –, desto mehr lernt Ihr voneinander kennen, desto mehr könnt Ihr einander zur Reife verhelfen.

Wer liebt, kann warten. Wer tief liebt, versagt sich dem anderen und verführt ihn nicht, sondern hilft ihm, die Grenzen zu wahren.

Seid gesegnet, Ihr beiden, und werdet in einer Zeit der Auflösung von Werten zum Vorbild für andere.

Herzlich grüßt Euch

Eure Ruth

P.S.: Besucht Ihr einen Jugendkreis?

Von Stefanie an Ruth Heil

Liebe Ruth,

Du fragst nach dem Jugendkreis. Ja, wir haben einen guten Kreis am Ort. Markus ist sogar sehr aktiv darin. Er übernimmt oft einen Abend, wenn der Leiter mal ausfällt. Markus ist auch so etwas wie ein Ansprechpartner für geistliche Fragen und für viele ein Vorbild. In unserem Jugendkreis reagieren die anderen ganz unterschiedlich, seitdem sie wissen, daß wir uns sehr gerne haben. Immer wieder fällt das Argument „zu jung", das anscheinend gegen uns spricht. Allerdings weiß ich auch, daß viele Mädchen in Markus verliebt sind. Jetzt ist für sie alle Hoffnung dahin, ihn doch noch zu „bekommen". Nadine und Marion gehen mir seitdem ziemlich aus dem Weg. Ich bin ein wenig unsicher, wie wir uns den anderen gegenüber verhalten sollen. Die ganze Zeit haben wir nicht einmal „Händchen gehalten". Markus wollte es so. Aber ich finde, daß es gut ist, den anderen zu zeigen, wie wir zueinander stehen. Es kommt mir sonst wie ein Versteckspiel vor. Außerdem habe ich gelegentlich bei anderen Pärchen den Eindruck, als wollte man sich dadurch ein Hintertürchen offenhalten. Deshalb bin ich auch froh, daß wir es im Kreis ausgesprochen haben. Vielleicht wird das Markus helfen, sich auch ganz offen zu unserer Beziehung zu bekennen. Er ist solch ein feinfühliger Mensch und möchte am liebsten niemanden verletzen. Ich finde aber, wenn man keine klaren Linien zieht, verletzt man mehr, weil der Betroffene ganz unerwartet damit fertig werden muß. Wie denkst Du darüber?

Danke für Deine Zeit!

Deine Stefanie

Von Ruth Heil an Stefanie

Liebe Stefanie,

auch ich empfinde Markus als einen sehr sensiblen Menschen. Deshalb kann er wohl auch so vielen helfen und sich sehr gut in ihre Situation einfühlen. Das ist natürlich eine große Gabe. Doch diese Gabe trägt auch die Gefahr in sich, daß man sich völlig aufgibt, um anderen zu helfen, und nie zu einer endgültigen Aussage bereit ist, nur um andere nicht zu verletzen. Mitbetroffen sind natürlich am meisten die Menschen, die man liebt. Von ihnen erhofft man sich das größte Verständnis. Dabei vernachlässigt man oft diese zugunsten der Menschen, die Hilfe brauchen. Markus muß da sicher noch das richtige Maß für alles finden. Und dabei kannst Du ihm helfen, indem Du Signale setzt. Du kannst ihm z.B. ohne Vorwurf erklären, daß Du etwas anders siehst, und warum. Aber Du wirst diesen Mann in Deinem Leben öfters mit anderen Menschen teilen müssen. Das muß Dir jetzt schon klar sein.

Wenn Ihr so Hand in Hand zum Jugendkreis geht, finde ich das richtig, weil die anderen dann merken, daß Ihr zusammengehört. Allerdings solltet Ihr Zärtlichkeiten jeder Art im Kreis unterlassen. Dies weckt in den anderen nur Wünsche nach einer Freundschaft. Und Ihr trefft Euch ja in diesem Kreis nicht, um Zärtlichkeiten auszutauschen, sondern um über Gottes Wort nachzudenken.

Für heute liebe Grüße

Deine Ruth

Tagebuch

April

Überall sehe ich die Knospen sprießen. Obwohl ich in der Stadt wohne, fühle ich, wie der Frühling mit Macht über den Winter triumphiert.

Das Grün als Zeichen des Lebens und des Lebendigen sucht sich sogar ein Plätzchen zwischen den Pflastersteinen und gibt nicht auf, wenn auch viele Füße darauftreten.

Doch nicht nur die Pflanzen spüren den Frühling. Auch ich. Soviel Sehnsucht, die schon lange in der Tiefe schlummert, scheint eine Stimme zu bekommen, ein Lied zu singen, dessen Melodie mich Tag und Nacht an meinen Liebsten erinnert. Daß wir so fühlen dürfen, so empfinden! – Mich treibt diese Liebe zu Gott hin, der mir all diese Empfindungen schenkt. Nachdem er die Schöpfung vollendet hatte, sagte er: „Und siehe, es war *sehr gut!*" (1. Mose 1,31). Davon ist nichts ausgenommen, auch nicht wir Menschen mit all unserer Sehnsucht.

Herr, du sagst: „Es war sehr gut!" Ich danke dir für all die Gefühle, die ich mit solcher Heftigkeit für meinen Markus empfinde. Sie scheinen mir so stark, daß ich an das Wort denke: „Liebe ist stark wie der Tod" (Hoheslied 8,6), das bedeutet für mich: Liebe ist endgültig – bis zum Ende gültig, unauflöslich, unausweichlich. Ist meine Liebe so stark? Ich muß passen bei dieser Frage! Meine Liebe ist besitzergreifend, egoistisch, fordernd, ungeduldig. Nein, ich bin nicht – noch nicht – reif, um wirklich zu lieben.

Herr, ich danke dir für diese Zeit des Wartens. Ich bitte dich nur, laß diese Wartezeit mir zur Reifezeit werden.

Tagebuch

Heimliche Verlobung

Am Sonntag bekam Markus das Auto seiner Eltern, und wir fuhren zur Wachenburg. Von dort aus unternahmen wir einen Waldspaziergang zum Berggipfel. Auf dem Heimweg brach schon die Dämmerung herein. Die ersten Sterne funkelten am Himmel. Mich fröstelte trotz aller „warmen" Gefühle in mir. Markus legte seinen Mantel um uns beide. Wir sprachen nicht miteinander, doch ich fühlte ein tiefes Angenommensein und eine unaussprechliche Freude in mir. – Auf dem Berge oben hatte ich Markus mein Jawort gegeben, nämlich mein Leben mit ihm zu teilen. Ich fühlte Gottes Gegenwart um uns, als lege er selbst seinen Segen auf diesen Bund. Als wir zum Burgtor kamen, war es schon verschlossen. Uns schien es wie ein Gleichnis, daß es für unseren Schritt kein Zurück mehr gibt. Durch dornige Hecken hindurch bahnten wir uns einen Weg zum Parkplatz. – Ob unser gemeinsamer Lebensweg auch einmal so dornig sein wird?

Überglücklich brachte Markus mich nach Hause. Dort allerdings hatte ich noch keinen Mut, von unserem Schritt zu berichten. Was werden meine Eltern dazu sagen, wo ich doch meine Ausbildung noch nicht einmal begonnen habe?

Tagebuch

Die Vorstellung, mich offiziell zu verloben, ist schon eigenartig. Markus steckt mitten im Abitur, ich habe meine Ausbildung noch nicht einmal begonnen. Was heißt Verlobung eigentlich? Warum heiratet man nicht, wenn man weiß, daß man zueinander gehört?

Ich sehe jedenfalls Verlobung nicht als Freibrief an, miteinander zu leben, als wäre man verheiratet, – als eine Ehe auf Probe, bei der man sich ohne weitere Verpflichtung wieder trennen kann. Wenn ich nachsinne, so kommen mir beim Wort Verlobung folgende Gedanken:

- Ausschließlichkeit ohne Endgültigkeit;
- Prüfungszeit ohne Zwang, das Examen zu bestehen;
- Kennenlernen und Offenwerden für Stärken und auch für Schwächen;
- und die Frage: „Bin ich bereit, damit zu leben?"

Gerade an diesem Punkt ertappe ich mich oft selbst bei dem Gedanken: Das wird schon noch werden! Da wird er sich schon noch ändern! Seltsam, gerade das, was mir so imponierte an ihm, fällt mir jetzt schon manchmal schwer zu begreifen! Ich denke an das vergangene Wochenende. So gerne hätte ich irgend etwas unternommen: ins Grüne fahren, einen Besuch machen. Das, was ich als stille Art bewunderte, empfinde ich nun schon manchmal eher als Antriebslosigkeit. Er hatte zu nichts Lust. Er wollte einfach im Zimmer bleiben und sich mit mir unterhalten. Schließlich konnte ich ihn doch bewegen, zur Wachenburg zu fahren. Welch ein wunderbares Erlebnis! Ich wünschte nur, daß die Impulse, etwas zu unternehmen, auch einmal von ihm ausgehen würden!

Prüfungszeit ohne Zwang: Ich möchte, daß wir mehr voneinander wissen. Und ich merke: Je mehr Zärtlichkeit wir uns schenken, desto weniger erfahren wir! Es kommt mir vor, als würden Liebkosungen unsere Probleme verwischen, undeutlich machen. Ich merke, daß sie keine Lösung bringen, sondern nur eine Sehnsucht nach mehr in mir wecken. Doch es ist sehr viel schöner und bequemer, über liebevolle Gefühle zueinander zu sprechen als über unsere Verschiedenartigkeit. Wie unterschiedlich wir doch sind! Liegt es daran, daß wir Mann und Frau sind – oder an unserem familiären Hintergrund?

Von Stefanie an Ruth Heil

Liebe Ruth,

stell Dir vor, am vergangenen Sonntag haben wir uns heimlich verlobt! Ich bin außer mir vor Glück. Im Juni wollen wir dies ganz offiziell tun. Wir haben uns schon Ringe gekauft. An Pfingsten wollen wir wieder auf die Jugendtagung kommen. Dann zeigen wir Dir unsere Ringe. Sie sind sehr schön. Wir haben nur Angst vor der Reaktion unserer Eltern. Ich merke, daß Markus' Mutter sowieso nicht ganz hinter unserer Freundschaft steht. Sie mag mich zwar, aber sie meint, daß Markus viel zu jung sei, schon eine feste Freundschaft einzugehen. Was wird sie dann erst zu einer Verlobung sagen?

Auch bei uns zu Hause wird es nicht ganz einfach sein. Eigentlich wollten die Eltern, daß ich das Abitur mache. Dann ging ich nach der Mittleren Reife schon ab. Ich glaube, wenn ich mich jetzt verloben will, denken sie, ich würde auch noch die Ausbildung vorzeitig abbrechen. Das wäre sehr schwer für sie.

Aber jetzt noch etwas Schönes: Vor einiger Zeit kaufte ich mir Dein Buch „Du in mir". Ich habe es richtig verschlungen. Ich habe festgestellt, daß ich mich mit jedem Kind, das Du zur Welt brachtest, so richtig mitfreuen konnte. Wie wird das einmal sein, wenn ich selbst Mutter werden darf!

Bitte bete für uns, damit wir unsere Eltern nicht so sehr schockieren, und dafür, daß sie es gut auffassen.

Lieben Gruß

Deine Stefanie

Von Hans-Joachim und Ruth Heil an Stefanie und Markus

Liebe Stefanie, lieber Markus,

wir freuen uns sehr mit Euch. Ihr seid diesen Schritt ohne unseren Rat gegangen. Wir selbst finden ihn sehr früh, trotzdem erkennen wir Eure Entscheidung voll an.

Für Eure Eltern bedeutet die Verlobung sicherlich zunächst einen Schock. Für Eltern ist es schwer, ein Kind in die Hände eines anderen abzugeben. Selten sehen Eltern ihre Kinder als reif an. Sie kennen sie eben zu gut. Hinzu kommt, daß Ihr auch noch sehr jung seid. Erwartet also keine Begeisterung. Aber lebt so, daß sie sich von Herzen mit der Zeit hinter Euch stellen können. Macht ihnen klar, daß Verlobung für Euch nicht heißt, nun miteinander zu leben, als wärt Ihr schon verheiratet. Erklärt ihnen, daß Ihr meint, den bestmöglichen Partner gefunden zu haben, den Ihr nicht wieder verlieren möchtet. Ich bete für Euch um Weisheit.

Wir fänden gut, den Verlobungswunsch den Eltern zunächst schriftlich zu unterbreiten. So können sie Eure Argumente durchdenken, bevor Ihr ihnen gegenübersteht. Hinterlaßt den Brief so, daß Ihr in der Schule seid, wenn er ihnen in die Hände fällt (evtl. mit der Post senden). So können sie sich besser damit auseinandersetzen.

Verlobung bedeutet natürlich eine Verbindlichkeit dem anderen gegenüber wie sonst keinem anderen Menschen. Von daher sind Wünsche nach Zärtlichkeit auf einen einzigen Partner ausgerichtet, und die Spannung nimmt zu. Diese Bindung schafft zwischen Euch ein noch engeres Band der Zugehörigkeit, was als *Gabe* das Glück und als *Gefahr* Abhängigkeit mit sich bringt. Eure Liebe zueinander ist groß, doch Eure menschliche Fähigkeit, auf Dauer einander auszuhalten, ist noch nicht weit genug ausgereift. Jeder muß für sich selbst seinen Stand herausfinden, d.h. sich als Persönlichkeit in die Ehe einbringen können. Und denkt nur nicht, daß Verheiratetsein eine Kleinigkeit sei. Wohl, sexuelle Spannungen wären nicht mehr, oder nicht in dem jetzigen Maße, da. Aber meint nicht, daß damit alle anderen Probleme des Zusammenlebens gelöst wären. Da sind viel zuviele Erwartungen, die Ihr aneinander stellt, ohne es zu wissen. Ich denke vor allem an ein Paar, das vor etwa sechs Monaten heiratete. Die junge Frau beklagte sich dieser Tage ganz bitter bei mir, daß er nicht auf ihre Gefühle eingehe. Der Mann dagegen behauptete, daß sie aus jeder Mücke einen Elefanten mache und ständig Gespräche und Klärungen suche, wo es eigentlich nichts zu klären gebe. Sie hingegen behauptete, daß er sich jeder Auseinandersetzung entziehe. Der Mann kämpfte mit großen sexuellen Spannungen, da die Frau seines Herzens nun nachts neben ihm lag und ihm doch nicht erlaubte, ihr nahezukommen. Sie begründete dies damit, daß sie mit einem Mann, von dem sie sich nicht akzeptiert fühle, nicht schlafen könne …

Dies ist nur einer von vielen möglichen Konflikten. Als ganz grobes Raster gilt: Wer meint, sein Leben allein meistern zu können – mit all der dazugehörenden Verantwortung – und ohne Eltern sich eine Zukunft zu bauen, der kann auch heiraten.

Wer zu dem Schluß kommt, daß er unter keinen Umständen die Kraft hat, allein durchs Leben zu gehen, ist eigentlich nicht fähig, den Spannungsbogen einer Ehe auszuhalten.

Von daher ist es natürlich nicht schlecht, für eine gewisse Zeit weg von zu Hause zu leben – weg aber auch von dem Menschen, den man liebt –, um sich selbst besser prüfen zu können. Und dann nicht mit jedem Konflikt den anderen bestürmen, sondern ihn allein aushalten lernen.

Die Zeit, die Euch nun auch äußerlich eine Trennung auferlegt, ist also eine große Chance, um zu Menschen heranzureifen, die belastbar sind.

Gebt Euch nicht mit Halbheiten zufrieden! Ihr seid zwei ganz besondere Menschen! Laßt Euch durch Eure Gefühle nicht verführen!

Wir grüßen Euch mit Psalm 27,1: „Der Herr ist meines Lebens Kraft, vor wem sollte mir grauen!" (Dazu zählt auch die Wartezeit).

Eure Ruth und Hans-Joachim

Von Markus und Stefanie an ihre Eltern

Liebe Eltern,

es ist ungewöhnlich, Euch einen Brief zu schreiben, da wir im selben Haus wohnen. Aber wir wollen Euch damit Zeit geben, Euch mit unserer Bitte in Ruhe auseinanderzusetzen. Ihr wißt ja, daß ich mit Markus schon seit einiger Zeit befreundet bin. Ich finde es ganz toll, daß Ihr ihn auch so in unsere Familie aufgenommen habt.

Ich fühle für Markus einfach mehr, als ich je einem anderen Jungen gegenüber empfunden habe. Und ich möchte ihn auf keinen Fall verlieren. Markus geht es genauso wie mir. Ich weiß, daß Ihr meint, daß wir noch zu jung sind, um solche Aussagen zu machen.

Trotzdem liegt uns daran, uns noch enger aneinander zu binden, gerade jetzt, wo Markus nach Stuttgart gehen muß und ich in Heidelberg die Ausbildung beginnen will.

Bitte habt ein Ja dazu, wenn wir uns verloben wollen. Wir sehen das nicht als Freibrief an, um miteinander schlafen zu können. Damit wollen wir wirklich bis zur Hochzeit warten. Und wir beide haben auch fest vor, unsere Ausbildung zu beenden.

Bitte versteht uns!

Eure Stefanie und Markus

Tagebuch

Als ich heute nach Hause kam, zitterte ich. Was würde mich erwarten? Das Gefürchtete geschah. Mutter war völlig außer sich. Ich war noch nicht einmal richtig in der Küche, als es losging. „Nun haben wir all diese Monate eure Freundschaft gebilligt, obwohl wir dich zu jung finden. Und dann so etwas! Was habt ihr euch eigentlich dabei gedacht? Du hast deine Ausbildung noch nicht einmal angefangen. Markus hat gerade das Abitur."

Als Mama damit fertig war, wurde sie etwas ruhiger. Sie fuhr fort: „Eigentlich habe ich ja nichts gegen Markus. Ich mag ihn sogar sehr gerne. Doch eine Verlobung, das finde ich wirklich zu früh. Wie soll es denn weitergehen? Ihr habt fast keine finanziellen Mittel."

Abends kam Vater heim. Zuerst tobte er. Ich kannte ihn selten so wütend. Am liebsten wäre ich weggegangen. Doch wir hatten dann noch ein gutes Gespräch miteinander. Ich glaube, sie sind gar nicht ganz abgeneigt.

Von Markus an Stefanie

Liebe Stefanie,

seit der Ankündigung unserer Verlobung steht meine Mutter unter einem richtigen Schock. Immer, wenn ich mit ihr darüber reden will, bricht sie in Tränen aus. Dabei ist doch eine Verlobung keine Katastrophe, zumal sie Dich eigentlich ganz gerne mag. Ich glaube, sie findet mich einfach zu jung. Dazu kommt die Angst, ich könnte nach dem Ersatzdienst meine Ausbildung nicht beenden. Mein Vater sieht alles viel nüchterner. Er sagt: „Warum eigentlich nicht? Warum solltest du dich nicht ein wenig enger binden, wenn du meinst, das Beste gefunden zu haben? Hab ein wenig Geduld mit Mutti. Sie muß sich an diesen Gedanken erst gewöhnen."

So übe ich mich in Geduld. Doch es fällt mir nicht ganz leicht. Am liebsten möchte ich mit Dir auf eine einsame Insel fliehen und dort für immer mit Dir allein leben.

Ich liebe Dich sehr.

Dein Markus

Von Stefanie an Markus

Planen der offiziellen Verlobung

Geliebter,

unsere Verlobung steht vor der Tür, und ich freue mich von ganzem Herzen darauf. Ich kann gar nicht beschreiben, was in mir vor sich geht. Alles geht mir so leicht von der Hand, und ich schwebe durch die Tage. Danke, daß Du mich so unendlich glücklich machst. Die Ringe haben wir schon ausgesucht. Ich finde es so schön, daß wir uns beide einen schlichten Ring gewünscht haben und daß uns die Auswahl keine Schwierigkeiten bereitet hat. Ich hätte so gerne einen Bibelvers eingraviert, den wir dann auch bei den Verlobungskarten nehmen könnten. Mich bewegte nämlich bei einer Predigt Vers 5 aus Psalm 37 sehr: „Befiehl dem Herrn deine Wege und hoffe auf ihn, er wird's wohl machen." Ich mußte da an meinen eigenen Lebensweg denken, den Gott so anders lenkte, als ich es vorgehabt hatte. Zunächst wollte ich ja zum Theater. Meine ganze Leidenschaft war es, einmal auf den Brettern zu stehen. Dann begegnete ich Jesus, und meine Wünsche veränderten sich. Gott zeigte mir deutlich den Weg in die Staß-Familie, um danach den Beruf der Krankenschwester zu erlernen. Die Zeit in dieser Familie wurde mir sehr zum Segen: die praktischen Dinge, die ich lernen durfte beim Kochen, Bewirten von Gästen, Umgang mit Kindern – und das Allerwichtigste: daß ich Dich dort kennenlernen durfte. Ja, er wird's wohl machen, und er *hat* es wohl gemacht!

Übrigens könnte ich mir als Ort, an dem wir unsere Verlobung feiern, ganz gut das Café in Falkenstein vorstellen. Der Nebenraum ist gemütlich und groß genug, um all unsere Gäste aufzunehmen. Ich freue mich so sehr auf diesen Tag, weil ich dann öffentlich sagen kann: „Wir zwei gehören zusammen!"

Deine Stefanie

Für Markus von Stefanie

Deine Hände

Warum ich Deine Hände so liebe:
Sie umfangen mich, wenn ich Dir entgegenlaufe;
Sie streichen über mein Haar;
Sie trocknen meine Tränen;
Sie tragen Deine Gedanken aufs Papier;
Sie legen sich beruhigend auf die meinen,
wenn ich aufgeregt bin;
Sie falten sich zum Gebet;
Sie helfen mir auf, wenn ich hinfalle.

Von Markus an Stefanie

Meine liebe, liebe Stefanie,

Vers 5 aus Psalm 37 spricht auch mich an, weil ich es ebenso für mein Leben sehe: Der Herr hat auch bei mir alles wohl gemacht. Mein größtes Geschenk nach Jesus bist Du für mich! Ich kann Gott nur immer wieder von ganzem Herzen für Dich danken.

Auch ich hatte ganz andere Pläne, bevor Jesus mir begegnete. Meine Leidenschaft galt der Mathematik und der Chemie. Doch ich spürte, daß ich meine Kraft mehr in den Dienst von Menschen stellen sollte. So führen meine Gedanken mich immer mehr in Richtung Psychologie. Dabei denke ich später besonders an den Umgang mit gestörten Kindern. Aber ich hoffe, daß ich auch erwachsenen Menschen helfen darf, ihren Weg zu finden.

Im Jugendkreis meinen manche, daß der Glaube an Jesus und das Studieren von Psychologie nicht miteinander zu vereinbaren sei. Doch ich bin da anderer Meinung. Die Bibel hat eigentlich viele psychologische Aussagen. Ich denke da nur an die Geschichte von David und Saul.

Ich weiß, daß *Du* hinter mir stehst, weil Du meine Anliegen kennst. Im Jugendkreis wenden sich auch Ältere an mich mit ihren Problemen. Manchmal fühle ich, daß ihre Schwierigkeiten oft mit ihrer Vergangenheit zusammenhängen. Ich möchte anderen einfach noch besser helfen können.

Aber zurück zum Vers! Ich werde die Ringe noch vor der Verlobung zum Juwelier bringen und diesen schönen Spruch eingravieren lassen.

Das Café in Falkenstein finde ich sehr gut. Es ist uns ja vertraut von manchen unserer Ausflüge. Außerdem sind die Preise dort erschwinglich.

Ich umarme Dich, Du goldige Stefanie

Dein Markus

P.S.: Wen möchtest Du alles einladen? Ich denke, der engste Familienkreis würde genügen.

Tagebuch

Ich liebe ihn, ich liebe ihn so sehr, daß es fast schmerzt, wenn ich an ihn denke. Und trotzdem kann ich auch richtig wütend auf ihn sein. Er ist so, ja wie soll ich es nur ausdrücken, so spießbürgerlich. Wenn ich nun seinen Brief nochmals lese, bin ich ganz ärgerlich auf ihn … „P.S.: Ich denke, der engste Familienkreis würde genügen." – Warum eigentlich? Schämt er sich meiner? Bin ich nicht schön genug, nicht klug genug? Nicht fromm genug? – Wenn es für mich möglich wäre, so würde ich die ganze Welt zum Fest einladen, weil er für mich der schönste und beste und liebste Mensch auf der ganzen Welt ist …, und es drängt mich, dies allen mitzuteilen! Ich kann ihn einfach nicht verstehen! Ob sich dies je ändern wird?

Von Stefanie an Markus

Mein Du, lieber Markus,

alle sollen kommen, alle, die sich mitfreuen wollen! Ich weiß natürlich, daß dies rein technisch eine Grenze hat, weil die Räumlichkeiten begrenzt sind und weil unsere Eltern auch keine Millionen besitzen. Doch am liebsten wollte ich der ganzen Welt mitteilen, daß ich den besten Menschen zum Partner erwählt habe. Bitte laß uns wenigstens alle Sitzplätze des Raumes dort füllen. Ich freue mich so auf Dich, wenn Du am Wochenende kommst und wir alles besprechen können.

Es umarmt Dich

Deine glückliche Stefanie

Von Markus an Stefanie

Liebe Stefanie,

wir sind wirklich sehr verschieden. Ich kann nur immer neu darüber staunen! Für mich ist ein kleiner Kreis, wo es ganz vertraut zugehen kann, viel einladender, erholsamer und gehaltvoller. Das andere kommt mir wie ein „Riesentheater" vor, wo ich eine Rolle spielen muß. Ich verlobe mich mit Dir und nicht mit der ganzen Welt. Und es ist mir egal, ob sie es weiß oder nicht. Hauptsache, ich habe Dich. Du bist mir am allerwichtigsten! Was sollen dabei all die anderen, die ich zwar gerne mag, aber die für mich nicht in dem Maß bedeutend sind?

Meine Liebe zu Dir ist so groß, daß dabei die Zustimmung oder Ablehnung der anderen keine Rolle spielt. Und wenn die ganze Welt dagegen wäre: Ich will Dich und niemanden sonst.

Du lieber Schatz, sei gegrüßt

Dein Markus

Von Stefanie an Markus

Du Lieber,

aber das ist es ja gerade: Die Welt ist nicht gegen uns. Im Gegenteil, ich weiß, daß sehr viele sich mit uns freuen! Und es gibt doch auch nichts zu verbergen vor den anderen, so daß wir kein Theater spielen müssen, sondern uns als die geben können, die wir sind.

Ich will mich ja nicht schon vor der Verlobung mit Dir streiten, aber es ist doch mein großer Wunsch, daß wenigstens unsere engsten Freunde dabeisein können. Sonst wäre die Verlobung kein richtiges Fest für mich.

Du weißt, daß ich Dich nicht bedrängen will. Aber versuche, mich bitte auch zu verstehen. Wenn andere sich mitfreuen, bedeutet das für mich einfach doppelte Freude.

In Liebe

Deine Stefanie

P.S.: Wir halten das Kaffeetrinken möglichst einfach und freuen uns um so mehr an allen Beiträgen, Ansprachen von Menschen, die uns begleitet haben, Liedern, die wir zusammen singen. Ich bin sehr gespannt, wie Du mit Krawatte aussehen wirst. Du magst das ja nicht, aber dafür ich, wenigstens ab und zu.

Von Markus an Stefanie

Du lieber Wirbelwind!

Ja, so bist Du! Im Nu wickelst Du mich um den Finger. Ich verstehe ja Dein Bedürfnis. Und genau das mag ich auch an Dir: die Gabe, sich mitteilen zu wollen, die Freude, andere miteinzubeziehen in das, was Dir wichtig ist.

Was sagst Du, wenn ich Dir 50 Personen „erlaube"? Du darfst bestimmen, wer Dir wichtig ist. Die Hälfte davon macht unsere Verwandtschaft aus. Mein Wunsch wäre es auch, daß alle aus der Familie Staß bei uns wären, weil wir uns ja dort kennengelernt haben. Und dann möchte ich auch, daß Hans-Joachim und Ruth mit dabei sind. Aber ich warte geduldig auf Deine Argumente. Ich möchte ja nicht leichtsinnig verlieren, was mir gerade kostbar wurde. Da muß ich wohl schon Abstriche machen. – Verzeih mein Scherzen, aber ich mag Dich sehr!

So, Du Diktator, ich warte ergebenst auf Deine Befehle!

Dein treu ergebener Diener!

Von Stefanie an Markus

Du, mein Schatz,

endlich sind wir wieder ein bißchen in die gleiche Richtung unterwegs. Ich habe etwa dieselben Vorstellungen wie Du. Und es ist auch nicht mein Bedürfnis, Dein ganzes Angebot auszunützen. Die von Dir erwähnten Menschen sind auch für mich wichtig, wie zusätzlich noch ein paar andere. Ich denke, daß wir am Wochenende bei der Besprechung auf einen Nenner kommen. Danke, daß Du mir entgegengehst, auch wenn Du anders darüber denkst.
Das macht Dich mir um so lieber.

Von Herzen

Deine Stefanie

Tagebuch

Pfingsten

Diese Tagung hat mich innerlich sehr gestärkt. Sie stand unter dem Bibelvers, den die Jünger zueinander sagten, nachdem Jesus ihnen auf dem Weg nach Emmaus begegnet war: „Brannte nicht unser Herz in uns, als er mit uns redete auf dem Wege?" (Lukas 24,32).

Die Jünger erkannten Jesus erst, als er das Brot mit ihnen brach. Sie meinten früher, ihn so gut zu verstehen. – Petrus meinte, ihn so zu lieben, daß er mit ihm in den Tod gehen wollte. Obwohl Jesus immer wieder mit ihnen über seinen Tod gesprochen hatte, war es den Jüngern unbegreiflich, wie alles kommen konnte. Sie hatten die vielen Monate mit Jesus gelebt, mit ihm gegessen, mit ihm gesprochen, mit ihm Wunder getan. Trotzdem konnten sie ihn nicht verstehen.

Verstehe ich ihn? Wann in meinem Leben meinte ich, ihn zu verstehen? Wann konnte ich ihn nicht verstehen? Dies waren Fragen an uns persönlich. – Es gibt Begebenheiten, wo er mir ganz nahe kam. Als ich ganz deutlich wußte, daß er mein Ja wollte, daß er mich rief. Da blieb ich keine Antwort schuldig. Ganz deutlich ist mir bis heute, welch ein Wendepunkt dies für mein Leben war.

Und als ich Markus begegnete, da wurde mir im Lauf der Zeit klarer, daß unsere Begegnung kein Zufall, sondern im Plan Gottes verankert war. Für dieses Begegnen kann ich nur danken und darüber staunen.

Die Situationen, die ich nicht verstehen konnte und immer noch nicht begreifen kann, fallen mir weit schwerer. Dazu gehört zum Beispiel unsere Wartezeit. Wieso muß man etwas aushalten lernen, bevor man zur Reife kommt? Und wenn der Herr unsere Liebe zueinander vermehrt, warum müssen wir uns körperlich zurückhalten? Aber ich will ihm zutrauen, daß er das Beste für uns will.

„Brannte nicht unser Herz“, sagten die Jünger zueinander. Ich will ergänzen: „Fühlten wir nicht, daß diese Begegnung eine ganz besondere war? Merkten wir nicht, wie all unsere Gefühle diesem Menschen zugetan waren?“ Und dann das große Erkennen: „Es ist der Herr.“

Wie brannte mein Herz, als ich Jesus begegnete! Auch heute brennt es wieder. Doch dieses Mal viel mehr für Markus! Ich weiß, daß Jesus mir diese Liebe geschenkt hat. Deshalb freue ich mich daran. Und doch weiß ich auch, daß Jesus den ersten Platz in meinem Herzen will. Letztlich kommt das auch Markus zugute, denn meine eigene Liebe ist so groß wie die der Jünger zu ihrem Meister. Da ist ein großes Wollen und ein kleines Können.

Mit Hans-Joachim und Ruth hatten wir wieder sehr gute Gespräche. Wir haben sie zur Verlobung eingeladen, und sie wollen versuchen zu kommen!

Tagebuch

Trennung von alten Freunden

Heute bekam ich einen Brief, der mich sehr nachdenklich stimmte. Ohne Anrede stand da einfach: *„Ich gratuliere Dir trotzdem zu Deiner Verlobung!"*

Der Absender war Klaus. Ich hatte ihm eine Verlobungsanzeige zugeschickt und ein Brieflein dazu geschrieben, daß ich die Verbindung zu ihm nun abbrechen wolle, weil ich auch nicht glücklich wäre, wenn mein zukünftiger Mann solche Briefkontakte zu anderen Frauen pflegen würde.

Unsere Freundschaft hatte begonnen, als ich elf Jahre alt war. Er war damals schon achtzehn und spielte anläßlich eines Besuches auf unserem Klavier. Dies faszinierte mich sehr, zumal ich gehört hatte, daß er gelegentlich auch in Konzerten mitwirkte. Ich schrieb ihm damals das erste Mal, bekam Antwort, und über viele Jahre hinweg war er mein Ansporn, Klavier zu üben und einen Blick für Kunst, Malerei und Musik zu bekommen. Für ihn war ich immer das kleine Mädchen, – er für mich unerreichbar. Seltsam, daß er dann mit dem Beginn meiner Freundschaft mit Markus den Kontakt zu mir vermehrt suchte, ja, daß aus seinen objektiven Schilderungen über Erlebnisse immer persönlichere, liebevollere Briefe wurden. Nun mußte ich auch diesen Kontakt um meiner Liebe zu Markus willen beenden.

Ich empfinde, daß ich all die Dinge, die mir im umgekehrten Sinne Probleme machen würden, in Ordnung zu bringen habe. Ich möchte, daß zwischen Markus und mir eine Einmaligkeit ist. Das ist meines Erachtens der Preis, den eine Verlobung kostet. Ich höre auf, um die Gunst anderer Männer zu werben, aber auch ihre Gunst zu erwidern. Ich konzentriere mich auf den, mit dem ich mein Leben teilen will, ohne den Blick für die

Welt um mich herum zu verlieren. Ich verschließe nur einen Bereich, der Ausschließlichkeit erlangt hat. Niemand hat darin Platz als der Geliebte. Zusammen arbeiten wir auf das Ziel der Ehe hin, ohne dabei zu verlernen, uns kritisch zu sehen.

Tagebuch

Verlobung

Solch ein Tag! So viel Glück! Es war eine Sinfonie von guten Gesprächen, lustigen Gedichten, Rückschau von Freunden auf unser Leben, frohem Singen – und herrlichen Torten und Kuchen. Das Gedicht, das mein Vater verfaßte und mein Bruder vortrug, löste viel Gelächter aus. Doch mich machte es nachdenklich, weil es viele Wahrheiten aussprach:

> Bräutigam, Du allerbester,
> kennst noch lang nicht meine Schwester,
> die sich jetzt Dir anvertraut.
> Hab' mich oft mit ihr geschlagen;
> kenn' sie gut, ich kann Dir sagen,
> wo sie hinlangt, wächst kein Kraut.
> Schätzchen wird Dir wohl gefallen,
> doch das Kätzchen hat auch Krallen,
> wehe dem, der dies vergißt.
> Darum warne ich beizeiten,
> laß Dich nie zum Streit verleiten,
> denn es ginge Dir nicht gut.

„... doch das Kätzchen hat auch Krallen, wehe dem, der dies vergißt!" Wieviele meiner „Krallen" wird Markus noch kennenlernen, bevor er endgültig entscheiden kann, ob er es damit aushalten will?

Ich hatte immer gedacht, nur von meinem Bruder geärgert zu werden. Aber offensichtlich war es ihm ebenso ergangen. Mich bewegt sehr, daß mir Jürgen vor der Verlobung einen Brief geschrieben hat. Nach all den Jahren des Geschwisterkampfes, in denen ich mich oft abgelehnt fühlte, äußerte er nun Bewunderung, ja endete mit dem Satz: „Ich hoffe sehr, einmal ein so prächtiges Mädchen zu finden, wie Du es bist." Wie weit ich von solchen Komplimenten noch entfernt bin, weiß ich selbst. Doch ich will in das Bild hineinwachsen, das Gott von mir hat, um Markus ein hilfreiches Gegenüber zu werden.

Für Stefanie von Markus

Zur Verlobung

Für meine einzigartige Stefanie, meine gute, liebe Braut: Als meine zukünftige Frau habe ich einige Bitten an Dich:

- Du mußt mich stets zum Höchsten und Besten anspornen, je nachdem die Situation es erfordert: durch Tadel, Kritik, Anregungen, Vorschläge und Lob.
- Du sollst in Deiner Kritik an mir unnachgiebig und zäh sein, ausdauernd und beständig.
- Sei in allem offen und ehrlich zu mir.
- Du mußt bei allem, was mich, Dich, unser gemeinsames Leben oder irgend etwas anderes betrifft, immer zuerst das Reich Gottes im Auge haben.
- Wenn andere etwas Wahres oder Unwahres über mich verbreiten, so mußt Du auf jeden Fall mit mir darüber reden und die betreffende Sache mit mir ausmachen.
- Sage mir, was Du als Schwächen und Fehler an mir erkennst, und hilf mir zum Besten.
- Wenn ich Dich verletzt habe, so sage es mir gleich und trage es nicht mit Dir herum.
- Wenn Du an meiner Liebe zweifelst, so sage mir warum, damit wir darüber reden können und ich mein Verhalten ändern kann.
- Bleibe mir stets treu, wie ich auch Dir treu bleiben will.

Stefanie an Markus zur Verlobung

Mein lieber Markus, liebes Du,

wie freue ich mich an dem Wissen, daß Du zu mir gehörst und ich zu Dir. Doch manchmal beschleicht mich auch Angst, ob wir die vor uns liegende Zeit richtig bewältigen können. Da sind so viele Vorstellungen, so viele Erwartungen, und ich erahne, daß es nicht nur eine unbekümmerte Zeit sein wird, die vor uns liegt. Ich möchte Dir so gerne die Frau werden, die Dir eine echte Gehilfin sein wird. Deshalb bitte ich Dich, daß Du mir offen sagst, wenn ich Dich verletzt habe – durch mein Handeln oder durch meine Worte. Ich weiß nicht, ob ich mich daraufhin nicht manchmal zurückziehen werde, weil ich mir mißverstanden vorkomme. Doch gib mir dann Zeit, um darüber nachzudenken.

Bitte ziehe Du Dich nicht schweigend und vorwurfsvoll zurück, wenn ich in Deinen Augen falsch handle. Ich möchte gerne an mir arbeiten, aber ich fühle mich in solchen Momenten für Dinge bestraft, deren Grund ich nicht kenne.

Wenn Zweifel in Deinem Herzen aufkommen, ob wir zueinander gehören, so laß es mich wissen. Ich möchte lieber wissen, was vor sich geht, als falsche Hoffnungen zu nähren.

Wir sind sehr verschieden. Wenn Du Dich in Deine Bücher vertiefst, so komme ich mir manchmal recht unwichtig vor. Ich kann auf Menschen und Dinge, die Dir Freude machen, schrecklich eifersüchtig sein. Bitte hab Geduld mit mir. Ich will lernen, Dir Freiraum zu lassen. Für mich selbst besteht oft der Wunsch, alles mit Dir zu teilen, alle Gedanken auszusprechen, die mich bewegen. Manchmal habe ich den Eindruck, Dich damit zu überfordern. – Du willst schweigend neben mir gehen und Dich an der Natur erfreuen, während ich Dir am liebsten die ganze Zeit meine Gefühle mitteilen würde. Ich möchte dieses Schweigen noch lernen, – dieses glückliche Schweigen.

Danke für Deine Liebe. Ich komme mir vor wie der reichste Mensch auf der Welt.

Mein Dank geht an Gott, der uns einander finden ließ.

Stefanie

Tagebuch

Villach – Juli

Wir sind auf einer Bibelfreizeit in Kärnten. Mich faszinieren die hohen Berge, die Stille ringsherum, im Hause das fröhliche Treiben von jungen Menschen.

Doch Markus ist richtiggehend langweilig. Er würde am liebsten den ganzen Tag mit mir im Aufenthaltsraum sitzen und irgendwelche Spiele machen. Er ist überhaupt nicht unternehmungslustig. So viele Wanderungen und Ausflüge sind angeboten, doch er kann sich für keine entschließen.

Gestern fuhr ich dann mit den anderen, ohne ihn, nach Italien. Wir besichtigten die Altstadt von Triest und sahen alte Steinsäulen mit wunderschönen Ornamenten, schauten uns eine Kirche an und machten einen Stadtbummel. Peter, ein junger Mann unserer Freizeit, kümmerte sich reizend um mich. Allerdings war Markus ziemlich böse auf mich, als ich ihm davon berichtete. Als ich Peter heute morgen freundlich grüßte, war es dann endgültig aus. Markus spricht seitdem kein Wort mehr mit mir. So sitze ich nun im meinem Zimmer und schreibe Tagebuch.

Meine Zimmernachbarin hier ist zwei Jahre älter als ich. – Sie erwartet in etwa drei Monaten ein Baby. Doch der Mann, von dem sie das Kind erwartete, will sie nicht heiraten.

Ich stehe ihrer Not so unendlich hilflos gegenüber und weiß nicht recht, wie ich sie trösten kann. Abends höre ich oft, wie sie in ihre Kissen weint. Ich fühle mich dann mit meinem Glück so beschämt, trotz des gelegentlichen Zwistes mit Markus. Könnte es sein, daß unser Glück auch einmal so enden würde? Unmöglich! So erscheint es mir jedenfalls. Aber mußte Laura in ihrem Glück nicht genauso gedacht haben?

Doch eines weiß ich: Ich will warten! Meine ganze Kraft will ich einsetzen, damit nicht ein Kind einmal Anlaß für unsere Hochzeit werden soll. Möge Gott mir die Kraft geben.

Von Stefanie an Markus

Mein lieber Wandergeselle, mein liebes Du,

das Leben mit Dir ist wie das Hineingehen und Weitergehen in einem großen Wald. Ich wage mich nur hinein in diesen Wald, wenn ich Deine Nähe fühle und um Deine Nähe weiß. Nur im Herausgehen aus der Bewahrung der Vertrautheit und im Hineingehen in das Wagnis mit Dir gibt es ein Weitergehen. Wenn wir aus Angst vor Tiefen, Tiefen der Enttäuschung, voreinander nicht offen sind, ein jeder sich vor dem anderen verwahrt, wenn wir uns am Rande des Waldes bewegen, werden wir nie seine Tiefen erleben. Wir müssen offen sein, offen für das Wagnis und die Bewährung. Nur im Wagnis können wir uns bewähren. Solange wir Angst haben, werden wir auch nie die Tiefen der Liebe kennenlernen. Vielleicht hängen auch diese zwei Dinge eng zusammen – Enttäuschung und Liebe. Die Enttäuschungen tragen dazu bei, die Tiefen der Liebe zu prüfen. Die Tiefen der Liebe bestehen nicht im Anzünden einer Lohe von Leidenschaft, deren Rest Traurigkeit und Verzweiflung ist. Die Tiefen der Liebe zeigen sich in der Bewährungsprobe. Dazu gehört das Aushalten von Hitze und Regen, um die Frucht wachsen und reifen zu lassen. Vielleicht ist der Regen die Summe von Enttäuschungen, die unsere Tränen ausmacht. Dieser Regen kühlt, ernüchtert und bringt da Frucht, wo er nicht Selbstmitleid, sondern Veränderung schafft.

Ich bin so froh, daß ich an Deiner Hand gehen darf. Ich bin so dankbar für alle Enttäuschungen, die uns das Bild des anderen zurechtrückten, ohne ihn fallenzulassen oder aufzugeben. Ich weiß, daß Du mir vergeben kannst, auch wenn es mir selbst manchmal unverzeihlich scheint, wie ich Dir gegenüber reagiere. All das hat uns einander näher gebracht. Was werden

wir noch alles im Laufe des Lebens übereinander und voneinander zu lernen haben?
Ich liebe Dich, Du goldigster aller Männer!

Deine Stefanie

Von Markus an Hans-Joachim Heil

Lieber Hans-Joachim,

seit ich mich verlobt habe, ist vieles leichter geworden. Ich meine damit, daß die Eltern mir einen größeren Freiraum geben, und ich spüre auch, daß mein Selbstwertgefühl gewachsen ist. Stefanie gegenüber habe ich mehr Sicherheit gewonnen, und das Wissen, daß sie meine Frau werden wird, gibt mir selbst den Eindruck, in eine andere Lebensphase getreten zu sein.

Trotz all dieser positiven Erfahrungen leide ich aber auf einem Lebensgebiet mit besonderer Heftigkeit. Meine sexuelle Spannung ist enorm gestiegen. In der Pubertät hatte ich ähnliche Kämpfe, die aber mehr und mehr abklangen. Nun, da mich die Zuneigung zu diesem Mädchen gepackt hat, fühle ich mich erneut meinen Gefühlen regelrecht ausgeliefert.

Obwohl ich mich zusammen mit Stefanie entschieden habe, körperlich zu warten, haben meine Empfindungen dazu offensichtlich keine Lust. Ich möchte diesem inneren Druck nicht ständig nachgeben, doch ich weiß nicht, wie ich kämpfen soll. Ja, je mehr ich versuche, nicht zu masturbieren, unter um so größeren Zwang gerate ich.

Kannst Du mir bitte eine Hilfe darin geben?

Lieben Gruß

Markus

Von Hans-Joachim Heil an Markus

Lieber Markus,

die Spannungen, durch die Du gehst, sind nur zu natürlich. In der Pubertät entwickelt sich die sexuelle Ausprägung, und entfaltet ein starkes Verlangen das neu Entdeckte in die Praxis umzusetzen, d.h. es auszuprobieren und zu „üben". Gibt man diesem Verlangen nach „Einüben" aber nach, so gewinnt man nichts, sondern man ist – langfristig – auf der Verliererseite.

Der Mensch ist – im Gegensatz zum Tier – in der Lage, über sich hinauszuwachsen und Bedürfnisse, die nicht bzw. noch nicht erfüllbar sind, zu sublimieren, d.h. sie sinnvoll und fruchtbringend in andere Kanäle umzuleiten.

Beim Tier dient die Sexualität hauptsächlich der Fortpflanzung. Der Mensch dagegen verbindet mit Erotik und Sexualität vielerlei Ausdrucksmöglichkeiten der Zuneigung, die von der Fruchtbarkeit unabhängig sind. So kennt der Mensch ja auch keine Brunstzeit, außerhalb der ein Verlangen nach dem Partner nicht vorhanden wäre. Auch wenn sich die Frage der Fruchtbarkeit nicht stellt (unfruchtbare Tage, nach den Wechseljahren usw.), ist das Verlangen nach dem geliebten Ehepartner vorhanden.

Die körperliche Beziehung ist nur dann glücklich und aufbauend, wenn sie von einem festen Unterbau der Liebe und der Kommunikation getragen wird. Ist die Achtung füreinander nicht gereift und hat man nicht allmählich die vielen inneren Werte des anderen kennengelernt, kann die körperliche Vereinigung nicht viel „bringen".

Ich will es kürzer ausdrücken: Zuerst muß man sich gründlich (möglichst über Jahre) kennen- und liebengelernt haben, bevor man an einen körperlichen Ausdruck von Zärtlichkeiten denkt. Und selbst dann bleiben die Intimbereiche der Ehe vorbehalten, die nach biblischer Auffassung der einzige geeignete Rahmen für deren beglückendes Erleben bietet. Steigt man zu früh in die Sexualität ein, verkümmert der begonnene Kommunikationsprozeß. Die Leidenschaft, einander zu berühren, steht im Vordergrund und verhindert den Aufbau und die Vertiefung der Beziehung.

Noch nie war die ganze Umwelt so erotisiert und sexuell vermarktet, wie dies heute der Fall ist. Deshalb ist es auch besonders schwer, diesen Weg des Wartens einzuschlagen. Zum einen soll man mit dem geliebten Partner auf innige Berührung verzichten, zum andern sich auch mit der Selbstbefriedigung zurückhalten. Das ist sicher nicht einfach.

Selbstbefriedigung ist zwar ein Ventil, das den Druck verringern hilft. Aber sie darf nicht als schneller Spannungsabbau dienen für alle Situationen, die man nicht richtig bewältigt. Wer diesen Gefühlen immer gleich nachgibt, wird schließlich davon beherrscht, sie ausleben zu müssen, und verliert dabei ein Stückweit die Kontrolle über sich.

Bei der Masturbation kommt es mit der Zeit zu einer Fixierung auf den eigenen Erregungsablauf, was für die spätere Ehe nicht von Vorteil ist. Spannung aushalten lernen sollte das Ziel sein, das Du angehst, weil dies für Dein ganzes Leben wichtig ist.

Für heute sei herzlich gegrüßt

von Deinem Hans-Joachim

Tagebuch

Abendgedanken

Ob es je zwei Menschen gab, die sich so liebten wie ich dich – und du mich?

Mir erscheint unsere Liebe wie ein ewiges Feuer, das mich entzündet, herausfordert, wärmt. Tausendmal verlangt es mich, von dir zu hören.

Daß ich dich finden durfte! Ob Gott jedem Mann seine Eva und jeder Frau ihren persönlichen Adam schuf? Warum scheitern dann soviele Ehen? Am Irrtum der falschen Wahl? Ich möchte keine Alltagsehe führen, sondern eine bereichernde, fröhliche Zweierschaft, bei der einer mit dem anderen die Last teilt, die Freude aber verdoppelt wird.

Woran scheitern Ehen? An falschen Vorstellungen, an mangelndem Verständnis, weil sie einander nicht vergeben können? – Werden wir fähig sein, die Brücke über unsere Verschiedenartigkeit zu bauen?

Das heißt Bewegung, Veränderung, ständige Erneuerung meiner Liebe zu ihm. Liebe ist nichts Statisches, sondern etwas, was sich verändert. Wenn meine Liebe rein ist, wird man dies an der Frucht sehen, die sie bringt. Ein gesundes Verhältnis zu Gott bleibt nicht stehen, ebenso wird auch das Verhältnis zu meinem Verlobten wachsen oder Rückschritte machen. Stillstand ist Rückgang. Ich bin verantwortlich dafür, wie es zwischen uns weitergehen wird. An mir liegt es, wie unsere Freundschaft sich entwickelt. Ich kann nicht einfach warten und den anderen dafür verantwortlich machen. Die beste Chance für unser Wachstum sehe ich darin, Gott von ganzem Herzen zu lieben und daß ich weiß, was er für uns, was er für mich will. Und das ist das Beste!

Von Stefanie an Markus

Mein lieber Markus,

wie schnell sind die letzten Wochen vergangen! Nun hast Du Dein Abitur hinter Dir, und auch unsere Verlobung scheint mir so weit weg zu sein. Unsere gemeinsame Zeit in Österreich, auf die wir uns so sehr freuten, gehört nun auch schon zur Vergangenheit.

Die ganzen Wochen versuchte ich immer, den Gedanken zu verdrängen, daß ich ab jetzt nicht einfach aus dem Haus gehen kann, um Dich zwanzig Minuten später bei Dir daheim zu begrüßen. Nun werden viele, viele Kilometer uns trennen. Du wirst anderen Menschen begegnen als ich, neue Kontakte knüpfen, ein ganz neuer Abschnitt des Lebens wird beginnen. Und mir wird es ebenso ergehen. Und doch freue ich mich darüber, daß Du gerade in einem Krankenhaus einen Platz gefunden hast. So kannst Du Dich in das einfühlen, was mein Beruf sein wird, und wir können uns austauschen.

Sei lieb umarmt von

Deiner Stefanie

Von Markus an Stefanie

Du, meines Herzens Allerliebste,

in drei Tagen beginnt auch mein Dienst. Deiner hat heute schon angefangen. Wo Du wohl gerade bist? Mit wem Du sprichst? Was Dich bewegt?

Ich bin froh, daß es mir möglich ist, Ersatzdienst zu machen. So lerne ich noch mehr den kranken Menschen mit seinen Problemen kennen. Und ich hoffe sehr, daß ich die rechten Worte finden werde, im rechten Moment.

Es fällt mir schwer, von Dir weg zu sein. Dennoch reizt mich die auf mich zukommende Aufgabe.

Wir haben uns ja vorgenommen, uns täglich zu schreiben. Das wird Dir wahrscheinlich leichter fallen als mir. Doch ich werde mich ernstlich bemühen, meine Gefühle in Worte zu verpacken.

Deinen Ring werde ich am Finger tragen. Er ist für mich das sichtbare Zeichen unserer Zusammengehörigkeit. Überall trage ich dieses Zeichen mit mir. Doch noch wichtiger ist mir Dein Bild, das ich in meinem Herzen trage.

In inniger Liebe

Dein Markus

Von Stefanie an Markus

Mein Markus,

der erste Tag liegt hinter mir, und dies ist mein erster Brief von hier an Dich.

Es ist solch eine Fülle von Eindrücken, daß ich ein Buch darüber schreiben könnte. Ich will alles nur etwas anreißen, denn ich bin schrecklich müde.

Gestern sind wir alle angereist. Unsere Zimmer wurden uns zugewiesen. Ich war vor meiner Zimmernachbarin da. Als sie ankam, beäugten wir uns vorsichtig. Die Vorstellung, mit einem völlig fremden Menschen für drei Jahre ein Zimmer zu teilen, ist eigenartig.

Heute besichtigten wir das ganze Krankenhaus und bekamen den Stundenplan für die nächsten Wochen. Wir werden zuerst Unterricht haben, bevor wir auf die Menschen „losgelassen" werden. Die Schulschwester wirkt sehr autoritär. Ich vermisse das Warme an ihr. Dabei fühlte ich mich die ganze Zeit so erwachsen. Jetzt ist mir gerade zum Weinen zumute.

Wie ich Dich vermisse! Am liebsten würde ich zu Dir fahren und mich bei Dir ausweinen. Aber ich habe beschlossen, dies durchzustehen, und das werde ich!

Genug des Jammerns! Ich liebe Dich mehr als je zuvor.

Herzlich

Deine Stefanie

Von Markus an Stefanie

Meine Stefanie,

Du dort, ich hier! Wie kann man das nur aushalten!

Die Tage verfliegen nur so. Im Gegensatz zu Dir hat mein Dienst auf der Station gleich begonnen. Ich stelle mich nicht immer ganz geschickt an. Alles ist noch neu. Auf der Station herrscht eine ziemliche Hektik. Zwei Schwestern sind in Urlaub, ein Pfleger ist krank. Nun soll ich gleich ganz einsteigen und habe keine Ahnung. Heute hat man mir schon einige spitze Bemerkungen gemacht, und ich kam mir ziemlich dumm vor, wenn ich etwas falsch machte. Dabei strenge ich mich doch wirklich an.

Als ich mich von meinen Eltern verabschiedete, bevor ich nach Stuttgart fuhr, meinte mein Vater, ab nun werde mir der Wind des Lebens ein wenig kräftiger um die Ohren blasen. Ich sagte dann noch belustigt: „So schlimm wird's schon nicht werden." Doch es ist ehrlich nicht einfach.

Von den Patienten habe ich noch nicht allzuviel gesehen. Bisher habe ich hauptsächlich als Laufbursche gedient: Labor, zurück, Archiv, zurück, Kaffeekochen! Hilfe!! Der war ihnen viel zu dünn. Sie lachten über meinen „Tee" und machten dann für meine Begriffe echten Mokka! Nun lerne ich sogar noch das Mokkatrinken!!! Und das Ganze noch viele Monate! Man könnte wirklich einen Schock bekommen. Wie gut, daß ich beten und dies alles vor Gott bringen darf! Und das Wissen, daß Du es mit mir trägst, macht mich sehr froh.

Sei umarmt, Du lieber, ferner Schatz!

Dein Markus

Von Markus an Hans-Joachim Heil

Lieber Hans-Joachim,

Dein Brief vom letzten Monat erschien mir sehr einleuchtend und hat einige Schuldgefühle in mir abgebaut.

Leider bin ich aber immer noch in dieser ganzen Angelegenheit mitten drin. Es gibt Tage, an denen mich die Spannung auf solch einen Höhepunkt treibt, daß ich einfach masturbieren muß. Und gerade „dieses Muß" läßt mich so verzweifeln. Ich fühle mich so ausgeliefert. Ich handle in einer Weise, die ich nicht will! Wie kann ich ein Mann werden, der weiß, was er will, wenn er gleichzeitig nicht tut, was er sich vorgenommen hat? Welchen Rat kannst Du mir geben, um davon loszukommen?

Du kannst Dir kaum vorstellen, wie froh ich bin, daß ich offen mit Dir reden darf.

Danke!

Dein Markus

P.S.: Mit Stefanie bin ich sehr, sehr glücklich. Daß ich dieses Mädchen finden durfte! Wir haben allerhand miteinander aufzuarbeiten, da wir grundverschieden sind. Aber unser Austausch ist sehr bereichernd.

Von Hans-Joachim Heil an Markus

Lieber Markus,

über Dein frohes Verhältnis zu Stefanie freue ich mich sehr mit. Ihr seid sehr verschieden, das habe ich schon bei unseren gemeinsamen Gesprächen gemerkt. Aber Eure Ehe wird einen großen Spannungsbogen haben.

Es tut mir leid, daß ich Dir im letzten Brief keine konkreten Schritte aufgezeigt habe. Das will ich nun heute nachholen. Auf diese Weise kannst Du mit der Zeit besser damit umgehen.

Immer wenn Du versucht bist zu masturbieren, sage Dir: Ich kann jetzt keine Aussage darüber machen, ob ich nie mehr in meinem Lieben masturbieren werde. Aber *jetzt jedenfalls* will ich es nicht tun! Ich werde noch mindestens fünf Minuten warten. Beschäftige Dich während dieser fünf Minuten mit irgendeiner Tätigkeit, die Dich ablenkt; bleibe nicht still sitzen, indem Du wartest, wie Deine Gefühle sich entwickeln, ob Dein Penis kleiner wird, ob Deine Phantasien verschwinden, sondern sei aktiv im Sinne der Gegenstrategie. – Wenn Du fünf Minuten widerstanden hast, wird sich Dir die Frage stellen: „Ist der Drang wirklich noch so groß, daß ich ihn nicht aushalten kann? Oder kann ich noch weitere fünf Minuten warten?“ – Durch die Fünf-Minuten-Intervalle tritt eine Verlangsamung des Erregungsablaufs ein. Viele junge Leute haben mir berichtet, daß die Versuchung verschwand, nachdem sie zwei- oder dreimal hintereinander je fünf Minuten widerstanden haben.

Während in früherer Zeit die sexuelle Versuchung imperativisch an Dich herantrat und Dich zu ihrem Sklaven machte, hast Du nun begonnen, Deine *eigene* Entscheidung mitspielen zu lassen, d.h. zu warten und ihr nicht sofort nachzugeben.

Man darf diese kleinen Erfolge (fünf Minuten länger zu warten, als man es vorher konnte) nicht unterschätzen, denn sie tragen zu einem Neuaufbau Deines Selbstwerts bei. Und je mehr Du entdeckst, daß Du Deinen Gefühlen nicht hilflos ausgeliefert bist, um so besser wirst Du damit umgehen können. Du sollst nicht Deine Sexualität ignorieren oder verneinen, sondern mit den dazugehörigen Gefühlen leben lernen, ohne daß sie Dich beherrschen.

Sicher wirst Du dabei erfahren, daß Du nicht immer die Kraft hast, diese Gefühle so zu steuern, wie Du es willst. Aber gib deshalb den Kampf nicht auf. Jesus ist auf Deiner Seite. Betrachte ihn nicht als Richter, sondern als Freund. Mit Deiner Sexualität richtig umzugehen, ist ein Lernprozeß, der für Dein ganzes Leben wichtig ist.

Halte Dich fern von schmutzigem Gerede, lerne Deinen Blick wegzuwenden von Fotos, die dein Inneres verunreinigen, verbiete Dir selbst Filme, die Deine sexuelle Phantasie anregen.

›Psychohygiene‹ nennt man das. In derselben Weise, wie wir unseren Körper nicht mutwillig dem Schmutz aussetzen, sollen wir auch unser Inneres vor Worten und Bildern schützen, die in die falsche Richtung führen.

Lerne, Deine Seele zu schützen. Laß nicht zu, daß Gefühle Dich beherrschen wollen.

Masturbation wird dort zum Problem, wo der Mensch davon abhängig wird.

Mit herzlichen Grüßen bin ich

Dein Hans-Joachim

Von Stefanie an Markus

Lieber Markus,

drei Monate sind schon verflogen. Ich nehme es kaum wahr, so ausgefüllt sind die Tage. Und doch, wenn ich daran denke, wie oft wir uns sehen und wieder trennen mußten, erscheint es mir wie eine Ewigkeit.

Es ist schon eine Umstellung, hier zu leben! Den Wechsel der Jahreszeiten sehe ich an dem einzigen Baum vor meinem Fenster. Dieser wunderschöne Ahorn beschenkt mich momentan mit den allerschönsten Farben. Wenn sich gelegentlich ein paar Sonnenstrahlen durch die Wolken verirren, so leuchten die Blätter golden auf. Wie verändert Licht! Nun im Herbst zeigen die Blätter ihre Pracht! Wieviel Sonne und Hitze mußten sie ertragen, wieviel Regenwasser wusch sie ab, bevor sie ihr schönstes Kleid anlegten.

Fast ein Jahr ist vergangen, seit ich Dich das erste Mal gesehen habe. Nun ist es mir unvorstellbar geworden, ohne Dich leben zu können. Was wäre, wenn wir uns nie begegnet wären?

Inzwischen hat mein Dienst auf der Station begonnen. Ich habe mir als Trost Deinen Brief von Deinem ersten Tag in Stuttgart geholt. Es ging mir ähnlich wie Dir. Doch Du berichtest jetzt ja so froh, daß ich hoffen darf, daß auch meine Situation sich bessern wird.

Mein ferner Schatz, ich freue mich auf Dich,

Deine Stefanie

Von Markus für Stefanie

Mein Schmetterling,
ich habe Dich gefangen.
Ich schau' Dich an und kann nichts mehr als lieben.
Wie schön Du bist!

Du kleines Ding,
Du hast mein Herz gefangen.
Ich frag' mich nun, ob ich Dein, Du mein Gefang'ner bist?
Gehörst Du mir?

Ich weiß es nicht,
doch weiß ich eines:
Daß Dich verlieren meinen Tod bedeutet.
So bleib' bei mir!

Mein Schmetterling!
Ich sperre Dich nicht ein.
Doch biete ich Dir an, nun Dein Gefangener zu sein,
zu allen Zeiten.

Von Stefanie an Ruth Heil

Liebe Ruth,

seit zwischen Markus und mir nun äußerlich solch eine große Entfernung liegt, fühle ich mich oft sehr allein. Dazu kommt, daß ich das erste Mal so weit von zu Hause weg bin. Auch fehlt mir bis jetzt der Kontakt zu anderen jungen Menschen, die sich als Christen bekennen. Obwohl es eigentlich ein konfessionell gebundenes Krankenhaus ist, erstreckt sich der Glaube mehr auf traditionelle Andachten, und mir fehlt der Bezug zum Leben. Es erschreckt mich, daß Krankenschwestern oft recht leichtsinnige Reden führen, gerade wenn es um Liebe und Freundschaft geht. Unter den Menschen, von denen ich Herzlichkeit erwarte, weil sie es mit kranken Menschen zu tun haben, spüre ich eine Gleichgültigkeit, die mich bedrückt. Ist es die Routine? Oder die einzige Chance zu überleben, so umgeben in der ständigen Auseinandersetzung mit dem Tod!

Markus und ich schreiben uns täglich. So halte ich mich ganz gut über Wasser. Oft renne ich nach dem Dienst zu meinem Hausbriefkasten wie eine Verdurstende.

Danke, daß Du mich auf meinem Weg begleitest. Es ist so schwer, von dem Menschen getrennt zu sein, den man am allermeisten liebt.

Ich hoffe nur sehr, daß diese schweren Zeiten mir zum Gewinn werden, indem sie mich reifen lassen. Jedenfalls merke ich, daß meine „verhinderte" Liebe zu Markus nun all den Menschen zugute kommt, denen ich begegne. Ganz besonders empfinde ich dies den Kranken gegenüber.

Herzlich grüße ich Dich!

Deine Stefanie

Von Ruth Heil an Stefanie

Liebe Stefanie,

danke für Deinen Brief. Wie gut verstehe ich alles, was Du schreibst: die Schwierigkeiten in Deinem neuen Beruf, die Einsamkeit, die Dich oft befällt, wenn Du von Markus getrennt bist. Doch Du hast ganz recht, wenn Du sagst, daß diese Schwierigkeiten Wachstum bewirken. Dies geschieht nur dann, wenn Du lernst, dazu ja zu sagen.

Ich glaube nicht, daß ich Dir erzählen muß, daß auch ich dies in meiner Verlobungszeit oft mit Schmerzen lernen mußte. Zu mir sagte damals unser geistlicher Begleiter: *Ein Christ ist ein Mensch, der warten kann.* D.h. er ist einer, der Gott zutraut, daß das Warten ihn nicht zerstört, sondern daß gerade durch das Warten etwas Neues, Kostbares entsteht. Dieser Mensch muß Gott durch selbsterwählte Wege nicht „auf die Sprünge helfen". Er vertraut, daß Gott keinen Fehler macht.

Es wird Dir später niemals leid tun, die Tugend des Warten-Könnens gelernt zu haben, weil unser ganzes Leben eine Kette von verschiedenen Wartezeiten ist.

Du hast ebenso recht, daß Du die Liebe, die Du empfängst, mit all den Menschen teilst, die Dich umgeben. In dieser Weise wirkt sie Frucht für viele, die sie selten im Leben empfangen haben und jetzt in ihrer Krankheit besonders schmerzlich vermissen. Zuletzt wirst Du selbst dadurch gesegnet, indem Du bereit wirst zu geben.

Die Spannung, die Ihr jetzt auszuhalten bereit seid, ist eine große Kraft, die Ihr in vieler Weise umsetzen dürft, um andere glücklich zu machen.

Daß Markus Dir selbstgeschriebene Gedichte schreibt und anfängt, Bilder für Dich zu malen, ist ein Zeichen für das, was Liebe vermag.

Euer Warten macht Euch fähig, dem anderen in mannigfacher Weise die Liebe zu zeigen.

Ich grüße Dich mit Psalm 27, Vers 1: „Der Herr ist mein Licht und mein Heil, vor wem sollte ich mich fürchten."

In Liebe

Deine Ruth

Stille Zeit

Johannes 6, 35 „Jesus sagt: Ich bin das Brot des Lebens."

Schon vor Jahren lernte ich diese Bibelstelle auswendig. Nun wird sie mir neu lebendig. Brot ist Ausdruck für Sattwerden, Gestilltwerden – Stillwerden. Wie sehne ich mich danach! Innerlich stillwerden! Sattwerden bei Jesus! Aufhören mit all den Erwartungen Markus gegenüber, ihn annehmen können mit allen Kanten, sattwerden bei Jesus und aus seiner Fülle geben dürfen. Als Jesus die Menge speiste, blieben zwölf Körbe voll übrig. Wenn ich dagegen gebe, reicht es kaum für zwei, weil ich darüber wache, daß ich selbst nicht zu kurz komme. Das Geheimnis ist: Sattwerden bei Jesus. Dann verliere ich die Ängstlichkeit, meine Schwachpunkte zu äußern und Markus dabei zu verlieren – und ich lerne, ihn trotz seiner mir unbequemen Seiten nicht zu verachten.

Von Markus an Hans-Joachim Heil

Lieber Hans-Joachim,

seit ich Dir offen über Selbstbefriedigung geschrieben habe, ist mir erst richtig bewußt geworden, wie stark ich daran gebunden bin.

Ich merke, wie Bilder mir nachgehen und mich zu Gedanken verleiten, die ich eigentlich gar nicht will. Je stärker ich mich dann dagegen wehre, um so mehr ergreifen sie Besitz von mir.

Ich habe Deine Strategie des Nicht-Gleich-Nachgebens ausprobiert. So einfach klappt das natürlich nicht. Die Gedanken lassen sich nicht so leicht vertreiben oder auch nur hinhalten. Man ist wie gefesselt. Aber allein, daß ich jetzt darüber nachdenke und nicht unmittelbar dem Gefühl nachgebe, ist wirklich hilfreich. Ich verdränge zwar nicht meine Sexualität, was sicher nicht ganz möglich wäre, aber ich lasse mich auch nicht einfach durch sie treiben. Wenn ich ehrlich bin, hat mich das alles noch ziemlich im Griff.

Aber ich fühle mich nicht mehr ganz so ausgeliefert und hilflos.

Allerdings fällt es mir schwer, anderen im Jugendkreis Rat zu geben, wenn ich selbst noch nicht damit richtig zurecht komme.

Danke für alles, was Ihr beide, Ruth und Du, schon für uns getan habt!

Mit lieben Grüßen

Dein Markus

P.S.: Dein Brief liegt nun schon viele Wochen hier, und ich wollte Dir nicht schreiben, bevor ich nicht Deinen Rat befolgt habe. Also verzeih' deshalb, daß meine Antwort erst heute kommt.

Von Hans-Joachim Heil an Markus

Lieber Markus,

hab Geduld mit Dir selbst! Etwas, das so lange gedanklich über Dich Macht hatte, muß sich daran gewöhnen, daß Du etwas entgegensetzt.

Ich freue mich mit Dir, daß Du durch Nachdenken wieder ein Stück Freiheit gewonnen hast. Es geht ja nicht darum, daß Du aufhörst, über Sexualität nachzudenken oder in Dir Gefühle zu spüren.

Gott hat Dich auf ein Du hin angelegt. In der Sexualität spürst Du immer wieder das Sehnen nach diesem Gegenüber. Es ist jedesmal wie eine Erinnerung. Doch sollst Du mit Deiner Sexualität umgehen lernen. Sie darf Dich nicht so bestimmen, daß Du blind tust, was Deine Gefühle Dir diktieren. Sonst bist Du abhängig von Deinen Gefühlen und triffst schnell auch mal Fehlentscheidungen.

Die Macht der sexuellen Gefühle ist nicht zu unterschätzen. Sie sind wirklich eine Kraft, die den Menschen zu Höchstem motivieren und in den Schmutz erniedrigen kann. Deshalb ist es auch so wichtig, richtig damit umgehen zu lernen. Durch viele Menschen weiß ich, wie sie in der Ehe eigentlich treu sein wollten, es aber nicht schafften, in einer Versuchungssituation zu widerstehen. Das hat zu Verletzung und Traurigkeit geführt, wenn der Ehepartner es erfuhr.

Lerne einen guten Kampf zu kämpfen! Nicht gegen Deine Sexualität, sondern gegen den Druck, den Deine Gefühle ausüben wollen. Nicht Deine Gefühle sollen Dich beherrschen, sondern Du sie.

Mit herzlichen Grüßen bin ich

Dein Hans-Joachim

P.S.: Ich freue mich für Stefanie, daß sie solch einen tüchtigen Mann bekommen wird!

Tagebuch

Geliebtes,

mein Herz hängt an dir, meine Seele ist so tief mit dir verbunden. Alles in mir strebt dir zu. Aber diese Liebe ist nicht ohne Angst. Es gab schon Zeiten, in denen mich diese Angst fast wahnsinnig machen wollte: dich nicht heiraten zu können, dich durch irgendein Ereignis vorher zu verlieren, ohne ganz dein gewesen zu sein.

Ich möchte lernen, dich loszulassen, um innerlich von dieser Angst frei zu werden. Ich weiß, daß Gottes Wege mit uns vollkommen sind. „Die vollkommene Liebe treibt die Furcht aus" (1. Joh. 4,18). Als meine Mutter in ihrer Verlobungszeit meinem Vater den Ring zurückgab, da dachte er, daß die Welt aufhören müßte zu bestehen. Im Loslassen nur konnte Gott sie ihm wiederschenken. In dieser Weise prüfte Gott auch Abrahams Liebe und Gehorsam, als er ihn aufforderte, seinen einzigen Sohn Isaak zu opfern. Wenn ich Gott nicht meine erste Liebe schenke, wird unsere ganze Ehe nur Stückwerk sein. Ich weiß, daß nur seine Liebe mich zur wahren Liebe zu dir, Markus, fähig macht.

Von Stefanie an Markus

Kinobesuch

Mein Liebes, lieber Markus,

ich fand es einfach prima, daß Du Dir für dieses Wochenende einen Kinobesuch ausgedacht hattest. Es war ein besonderes Gefühl, unter den vielen Menschen zu sitzen und doch zu Dir in solcher Ausschließlichkeit zu gehören. So viele Menschen gibt es, doch Dich nur ein einziges Mal! Das wurde mir in diesen Momenten so richtig bewußt. Und mit keinem hätte ich tauschen wollen! In der Dunkelheit Deine Hand zu fühlen – meine in der Deinen – gab mir ein Gefühl von Geborgenheit und Sicherheit, von Bewahrung und Zuneigung. Daß Du mit mir Grenzen wahrst, freiwillig, mich nicht bedrängst, zeigt mir, wie tief Du mich liebst. Danke für dieses freiwillige Geschenk, das Dir gewiß genauso schwerfällt wie mir.

Irgendwie lustig! Durch den Film über Schule und Schulerlebnisse kamen viele alte Gefühle in mir hoch. Du hast die Schule ganz anders erlebt als ich. Dir machte es Spaß, Dir soviel Wissen wie nur irgend möglich anzueignen. Für mich war die ganze Schulzeit schrecklich. Eigentlich überstand ich sie nur, weil es die Fächer Musik und Kunst darin gab, die an unserer Schule besonders hervorgehoben wurden. In diesem Film sah ich die Sehnsüchte eines Schülers erfüllt, dem Lehrer nicht mehr ausgesetzt zu sein in seiner Notengebung, die gelegentlich ja wirklich fragwürdig ist. Die Schule als Spiel zu verstehen, das den Ernst des Lebens später besser ertragen läßt. Aber wo gibt es das heute noch! Und gab es das je? Gerne denke ich eigentlich nur an eine bestimmte Phase der Grundschulzeit zurück. Da lernte ich wirklich gerne. Ich las dem Lehrer jeden Wunsch von den Augen ab. Dabei ging es beim Lernen ja um mich. – Vielleicht fehlen heute mehr und mehr Leitbilder, die uns zu diesem freiwilligen Lernen durch ihre liebevolle Autorität hinführen? Auch wir beide ordnen uns in unseren Lebenszielen unter eine Autorität. Und diese Autorität Gottes gilt für alle Bereiche unseres Lebens, bis in unsere Liebe zueinander. Wenn ich nicht wüßte, daß seine Gebote zu meinem Besten gemacht sind, wäre ich wahrhaftig nicht fähig, sie zu halten. Nun aber hält mich der Glaube an seine Liebe fest.

Danke, mein Liebes, daß Du am Wochenende die Initiative ergriffen hast, etwas zu unternehmen. Leider ist dann doch noch ein Wermutstropfen in dieses ganze Erlebnis gefallen: Dieser Film war ja recht lustig. Ich habe es als befreiend erlebt, einmal wieder richtig lachen zu können. Doch ich hatte den Eindruck, daß Dir das Schwierigkeiten bereitete, ja richtiggehend peinlich war. Magst Du mein Lachen nicht, oder magst Du es nur vor anderen nicht?

Bitte antworte mir ehrlich!

Deine Stefanie

Von Markus an Stefanie

Du, meine liebe Stefanie,

hab zuallererst Dank, daß Du so offen aussprichst, was Du denkst. Ich wollte Dich nicht verletzen. Doch es war mir wirklich unangenehm, wie Du da so laut lachtest. Du weißt ja, daß es bei uns zu Hause im allgemeinen nicht üblich ist, Gefühle so offen zu zeigen oder gar darüber zu sprechen. Deshalb ist das, was Du in unserer Familie als positiv empfindest, auch nicht immer gut. Du meinst, sie hätten nie Meinungsverschiedenheiten. Aber das stimmt nicht. Bei uns schweigt man einfach darüber.

Ich bin froh, daß Du diesen Punkt angesprochen hast. Es bereitet mir Schwierigkeiten, meine Gefühle vor anderen zu zeigen. Das heißt natürlich nicht, daß ich keine hätte. Doch es fällt mir schwer, sie in Worte zu fassen und noch mehr, sie für den anderen verständlich auszudrücken. Dazu kommt natürlich, daß ich nicht damit umzugehen weiß, wenn es andere tun, – wenn Du es tust. Und noch mehr Schwierigkeiten habe ich, wenn es in der Öffentlichkeit geschieht. Für mich ist das ein Zeichen, daß man sich nicht beherrschen kann.

Hab ein wenig Geduld mit mir! Du stößt vieles an, was bei mir ganz anders ist als bei Dir. Zunächst läuft dann meine gewohnte Reaktion ab, bevor ich beginne, bewußt darüber nachzudenken. Ich muß mich einfach an Deine Art gewöhnen. Aber gerade Dein Anderssein macht mich ja so glücklich.

Danke, daß Du so bist, wie Du bist.

Herzlich

Dein Markus

Von Stefanie an Markus

Liebes Markus-Dudu,

in dem afrikanischen Bericht, den Du mir zusandtest, stand, daß in der dortigen Sprache Dudu „Wanze" heißt. Das finde ich sehr lustig. Ich wünsche, zumindest zeitweilig, daß ich mich in eine solche Wanze umwandeln könnte, um Dir besonders nahe zu sein, um zu hören, was Du redest, zu beobachten, wie Du handelst und reagierst, wenn ich nicht bei Dir bin. Nein, nein, nicht um Dich zu kontrollieren! Ich möchte einfach wissen, wer Du bist. Denn auch ich stelle fest, daß ich verändert bin, wenn Du da bist. Allein Deine Gegenwart macht mich so unendlich glücklich!

Ich bin froh, daß Du so offen in Deinem Brief Deine Gedanken geäußert hast. Dies zeigt mir Dein ganzes Vertrauen. Mir wurde nämlich einiges dabei klar.

Wenn wir miteinander durch die Stadt gehen, möchte ich Dir vor Freude oft spontan um den Hals fallen. Dieses Bedürfnis habe ich auch besonders, wenn Du am Wochenende kommst, um mich abzuholen. Da wird mir die ganze Umwelt egal, dann sehe ich nur Dich. Aber vielleicht sind mir die anderen auch nicht egal. Eigentlich möchte ich ihnen allen zeigen, wie glücklich ich mit Dir bin, wie stolz ich auf Dich bin. Du bist in solchen Momenten immer sehr zurückhaltend. Dabei kommen mir oft Zweifel, ob Du mich wirklich magst, Zweifel daran, ob Du Dich überhaupt gerne in der Öffentlichkeit mit mir zeigst. Ich möchte für Dich die Allerschönste sein. Eigentlich will ich zuerst um meines Innern willen von Dir geliebt werden; aber ich will für Dich auch schön sein, die Allerbegehrteste.

Du schiebst mich immer sanft ab, wenn ich Dich umarme. Sind wir aber im Zimmer, küßt Du mich stürmisch. Mir kommt das manchmal etwas unehrlich vor. In Deinem Brief fange ich an zu begreifen, daß Du anders erzogen wurdest als ich. Deshalb handelst Du auch anders. Gilt das auch für „öffentliche” Umarmungen?

Für heute grüße ich Dich mit einer japanischen Verbeugung!

Deine Stefanie

Von Markus an Stefanie

Liebe Stefanie,

Du siehst das ganz richtig. Ich kann mich eigentlich nur als der geben, der ich bin, wenn wir miteinander allein sind. Ich möchte meine Gefühle nicht vor den anderen demonstrieren. Daß ich Dich liebe, ist irgendwie unser persönliches Geheimnis. Wie sehr ich Dich liebe, das sollst Du allein am meisten wissen…

Du bist meine Stefanie, mit und ohne Umarmungen. Umarmen, das ist keine Kunst. Viele tun das, ohne ihr Herz dabei zu vergeben. Du bist mir mehr als eine Umarmung wert.

Doch habe ich Probleme damit, anderen meine Gefühle offen zu zeigen, das siehst Du ganz richtig. Ich spüre aber, daß dieser Prozeß durch Dich in mir angelaufen ist.

Ich umarme Dich hiermit ganz offiziell!

Dein Markus

Von Stefanie an Ruth Heil

Liebe Ruth,

Du weißt um unsere Liebe zueinander. Trotzdem frage ich mich manchmal, wie ich noch mehr prüfen kann, ob wir beide wirklich zueinander gehören. Wie weiß ich, ob ich nicht einfach blindlings verliebt bin? Und wie kann ich jetzt schon daran arbeiten, daß unsere Beziehung im Laufe der Zeit nicht langweilig wird? Wie kann ich wissen, ob er all die Gewohnheiten, die mir nicht so gut gefallen, einmal lassen wird?

Wenn ich bei ihm zu Hause bin, sehe ich überall im Zimmer seine Socken herumliegen. Wenn ich dann frage, warum er sie nicht ins Bad bringt, sagt er: „Mama macht das schon!" Doch solche „Kleinigkeiten" werde ich ihm anerziehen, wenn er erst mal unter meiner „Fuchtel" ist. Aber da sind noch so viele andere Dinge, die ich nicht so gerne mag. Unter anderem stört mich die Art und Weise, wie er mit seiner Mutter umgeht, obwohl ich mit deren Meinung auch nicht immer einverstanden bin.

Ich freue mich auf Deine Antwort.

Deine Stefanie

Von Ruth Heil an Stefanie

Liebe Stefanie,

„... wenn seine Socken überall herumliegen ..." Du wirst ihn erziehen? Ja, das ist eine Frage! Eine andere wäre natürlich: Bist Du bereit, sie aufzulesen? Oder glaubst Du wirklich, daß man Gewohnheiten so einfach ändern kann? Das gilt übrigens auch für andere Lebensbereiche. Du mußt Dich also jetzt entscheiden, ob Du mit seinen Schwächen leben willst! Vieles wirst Du nämlich nicht ändern können!

Was Du im Hause von Markus erlebst, ist ähnlich mit dem, wie Dein Leben einmal im täglichen Umgang miteinander aussehen wird. Dies ist eingeübt, von Kindheit an! Bist Du bereit, ihn zu ertragen, seinen Umgangston, seine Launen, seine Antworten? Wichtig ist auch die Frage: Kannst Du Dir diesen Menschen als Vater Deiner Kinder vorstellen? Das lenkt von Dir weg und gibt einen neuen Blickwinkel, von dem aus Du Markus betrachten kannst.

Denn Ihr werdet nicht auf einer Insel miteinander leben, sondern irgendwann eine Familie sein. Familie wird Glück bedeuten, aber auch neue Verantwortung und Verzicht.

Ich grüße Dich.

Deine Ruth

Stille mit Gott

Heute morgen las ich in den Sprüchen. Es steht in Kapitel 10, Vers 28: „Das Warten des Gerechten wird Freude werden." Hier stellt sich das Warten als etwas Positives dar. Es wird nicht von einem resignierten Menschen gesprochen, der darüber murrt, daß es so lange dauert. Da ist kein Jammern, ähnlich den Israeliten in der Wüste: „Wären wir doch in Ägypten geblieben!" – Dieser Vers drückt Hoffnung aus. Es ist die Zusage Gottes: Du wirst ganz gewiß erhalten, worauf du so sehnsüchtig wartest. Doch hab Geduld! Gib nicht auf! Hier drückt sich Wartezeit als Reifezeit aus. Da wird die Wartezeit zu einem Glaubensschritt ins Ungewisse. Es wird Freude werden! Auch wenn ich es menschlich nicht begreifen kann, wozu es gut sein soll. Ich glaube daran, daß das Warten mir zum Gewinn wird.

Doch bin ich gerecht? Wie vieles in meinem Leben habe ich noch nicht bewältigt! Meine Gerechtigkeit würde auch nicht ausreichen. Jesus ist mir von Gott zur Gerechtigkeit gemacht. Das genügt. Und weil ich ihn liebe, möchte ich seine Gebote halten. Auch unser Warten aufeinander wird Freude werden. Ich danke dem Herrn, der uns den Willen gibt, auf ihn zu hören.

Tagebuch

Liebe ich ihn wirklich, oder ist es nur die Sehnsucht nach seinem Körper, nach Geborgenheit, nach seiner Nähe? In einem Buch las ich den Satz: „Wer glücklich werden will, soll nicht heiraten, – glücklich machen, da liegt es!" Will ich nur glücklich werden? Was wäre ich bereit, um seinetwillen aufzugeben?

Ein Asiate sagte folgendes zu einem Europäer: „Ihr Europäer setzt am Tage eurer Hochzeit einen Topf mit kochendem Wasser auf einen rotglühenden Herd. Langsam kühlt alles ab, bis ihr eines Tages feststellen müßt, daß alles kalt geworden ist. Bei uns ist es umgekehrt. Bei der Hochzeit kennen wir uns kaum. Den kalten Topf mit kaltem Wasser setzen wir auf den kalten Ofen. Dann entfachen wir ein kleines Feuer. Doch wir nehmen uns Zeit, das Feuer zu nähren. Langsam erwärmt sich der Ofen, der Topf, das Wasser. Und im Laufe unseres Lebens kommt dann das Wasser auch zum Kochen. Wenn eure Liebe längst kalt geworden ist, erwärmt sich unsere und fängt an zu wachsen. Ihr nehmt die Liebe als etwas Selbstverständliches hin; wir wissen, daß nichts von selbst wächst. Auch Liebe kostet Arbeit!"

Von Stefanie an Markus

Kreißsaal

Du, mein Markus,

heute habe ich im Kreißsaal die erste Geburt miterlebt. Ausgerechnet gleich Zwillinge! Ich kann dieses Erlebnis mit gar nichts vergleichen. Obwohl diese Frau eine beeindrukkende Beherrschung über ihren Körper hatte, überkam mich doch eine große Angst bei der Vorstellung, selbst einmal ein Kind zu bekommen. Wieviele Stunden es dauerte, bis endlich die beiden geboren waren! Im Gesicht dieser Frau spiegelten sich Angst, Hoffnung und Freude – und Zeichen von Schwerarbeit. Und niemand kümmerte sich so recht um sie. Alle waren damit beschäftigt, den Muttermund zu untersuchen oder die Herztöne der Kinder abzuhören. Wie gerne wäre ich an ihre Seite getreten, um mit ihr zu sprechen. Doch ich fühlte mich so unreif, so jung und unerfahren, einfach so hilflos.

Als dann das erste Kind geboren worden war, da wußte ich etwas von Mutterglück. Welch ein Strahlen ging über ihr Gesicht! Als ich ihr dann gratulierte, umarmte sie mich so heftig, daß mir jetzt noch der Oberarm schmerzt. Solch ein unendliches Glück! Ich kann nur erahnen, was in ihrem Herzen vor sich ging.

Deine Stefanie

Von Stefanie an Markus

Mein Markus,

ein Heute ohne ein Lebenszeichen von Dir! Ob die Post Deine Briefe verzögerte, ob Du krank bist oder zuviel zu tun hattest? Ich fühle mich so leer, wenn mein Postfach leer ist!

Die Frau an der Pforte, die immer die Briefe in die Kästen verteilt, schaute mich mitfühlend an. Ich glaube, sie wußte schon, daß Du nicht geschrieben hattest. Manchmal schmunzelt sie so vor sich hin, wenn ich komme. Dann ist meist etwas Lustiges auf dem Briefkuvert aufgeklebt, wie gestern, als Du meinen Namen zum Teil durch ein Symbol ersetzt hast, statt ihn voll auszuschreiben. Seltsam, wieviele Menschen sich an unserer Liebe mitfreuen. Du machst mich so unendlich froh! Ich bin Gott so dankbar für diese große Freude, die mein Leben durch Dich durchatmet.

Du, Warten setzt Haltepunkte. Ich kann zwei Dinge tun, um diese Wartezeit zu überbrücken: entweder resignieren, Trübsal blasen, mit traurigem Gesicht herumlaufen oder fröhlich auf den neuen Morgen warten, auf die neue Möglichkeit, auf die Erfüllung. In bezug auf unsere Hochzeit, so warte ich in dieser Hoffnung und lebe von einem Tag zum anderen. Was Deinen Brief angeht, so freue ich mich, ihn bald in den Händen zu haben. Wie wertvoll Du mir doch bist, mein geliebtes Du!

Deine Stefanie

Tagebuch

Wochenendzärtlichkeiten

Seltsam! So nah wir uns kamen, so fern waren wir uns. Ja, es scheint mir, daß wir uns um so fremder werden, je mehr wir uns auf Zärtlichkeiten einlassen. Dann empfinde ich nur noch Spannung: Sehnsucht nach mehr. In mir tobt ein schrecklicher Kampf.

Dir ging es am vergangenen Wochenende nicht sehr gut. Als ich zu dir kam, lagst du im Bett. So hielten wir uns hauptsächlich in deinem Zimmer auf.

Wie du mich küßtest! Wie du mein Haar zerzaustest! Dann kam dein Schwager zu Besuch. Als er hereinkam, saß ich an deinem Bett und ordnete mein Haar, aufgewühlt bis in die Grundfesten meines Herzens. Was er gedacht haben mag? Er lachte, als er mich so dasitzen sah. Und ich muß ganz ehrlich sagen, daß ich mich schämte.

Die Sprache unserer Zärtlichkeit ist unmißverständlich. Sie ruft beständig nach mehr. Sie ist unersättlich! Je mehr wir ihr geben, desto mehr nimmt sie sich und schweigt nicht still. Je mehr wir uns küssen, desto weniger reden wir miteinander, desto weniger Mißverständnisse gibt es. Aber auch desto weniger erfahren wir voneinander. Es ist so einfach, zärtlich zu sein, und oft so schwer, dich zu verstehen. Ich merke, daß die Zärtlichkeiten der leichtere Weg sind, der scheinbar schönere. Aber ich weiß, daß wir uns dann selbst betrügen. Unser Leben wird nicht im Küssen, sondern im gemeinsamen Verstehen liegen. Daran müssen wir arbeiten, um später nicht Schiffbruch zu erleiden.

Wie ich dich liebe! Mein Du! Und daß meine Liebe nun so aussehen muß, daß ich mich dir immer wieder körperlich entziehe, ist so schmerzlich. Doch ich weiß, daß auch du es so willst. Das macht mich stark.

Tagebuch

Die gewissen Tage

Es ist doch einfach unglaublich, was einem die Werbung verspricht und dabei gleichzeitig verschweigt!

Vor einigen Tagen habe ich erstmals Tampons während meiner Menstruation benutzt. Eigentlich hätte ich vor der Benutzung gerne mit jemandem gesprochen, doch ich wußte nicht, wen ich hätte fragen können.

Nun, im nachhinein wünschte ich, es rückgängig machen zu können. Was für Gefühle wurden in mir geweckt!

Zunächst fand ich die Lösung ganz praktisch. Es war mir, als könnte ich dadurch meinem monatlichen Unwohlsein ein Schnippchen schlagen, es einfach für Stunden ignorieren. Ob das damit zusammenhängt, daß ich mein Frausein noch nicht ganz angenommen habe? Eigentlich erinnert mich jede Menstruation daran, daß ich auf die Mutterschaft hin angelegt bin.

Mit dreizehn Jahren stellte sich meine erste Menstruation ein. Mir war dies sehr unangenehm. Aber allmählich gewöhnte ich mich an dieses „Übel", das meist von Unterleibsschmerzen begleitet war. Erst später begriff ich den wunderbaren Zusammenhang zwischen Menstruation und Eisprung.

Nachdem ich den Tampon das erste Mal benutzt hatte, wachte eine Sehnsucht in mir auf, die ich vorher nicht gekannt hatte.

Zuvor hatte ich immer nur eine vage Vorstellung von dem gehabt, was die anderen Selbstbefriedigung nannten. Nun weiß ich, was es ist. Ich möchte es so formulieren: Es ist die Sucht, dem Körper etwas geben zu wollen, wonach er mit aller Kraft verlangt.

Unmittelbar danach allerdings folgt jedesmal die enttäuschende Erfahrung, daß das, was man ihm gab, ihn nicht wirklich befriedigte. Zurückbleibt das Gefühl des Alleinseins, oft begleitet von dem Gedanken, „versagt zu haben". Dieses Sich-treiben-Lassen führt nicht zum Frieden, sondern nur dazu, daß einen die „Sucht" danach eine Zeitlang in Ruhe läßt. Danach überkommt einen das Gefühl von Einsamkeit, Resignation, oft auch Verachtung vor sich selbst. Ist es Sünde? Ich fühle mich gestraft genug damit, daß ich darin keine Kraft habe, gegen meinen Willen zu handeln. Bin ich so schwach? Viele behaupten, es sei normal. Allerdings kenne ich auch die Meinung, daß es eine Sünde sei. Um die Jahrhundertwende gar behauptete man, daß es zur Schwindsucht führe.

Was ist es für mich? Vielleicht wollen diese Gefühle ausdrücken, daß ich Sehnsucht nach einem vertrauten Gegenüber habe. – Sehnsucht nach Geborgenheit, Sehnsucht, mich mitteilen zu dürfen. Die Sucht danach erwacht nämlich meist in Momenten, in denen ich mich einsam fühle, mir unverstanden vorkomme. Vielleicht will ich mir dann selbst etwas Gutes tun.

Durch die Selbstbefriedigung wird mir zwar die Spannung genommen, doch viele andere unangenehme Gefühle kommen neu hinzu. Eine Leere tritt ein, die mir erdrückend vorkommt.

Mir kommt der Gedanke, daß ich dabei eine Doppelrolle spiele. Ich bin Gebender und Nehmender zugleich und weiß nicht, welches mein Ich ist.

Diese Gefühle meines Körpers signalisieren letztendlich meine Sehnsucht nach Markus. Ihm möchte ich mich schenken, mich bei ihm geborgen wissen. Und mein Körper verlangt danach, dies ausdrücken zu dürfen. Aber unsere Wartezeit ist noch nicht vorüber.

Wenn ich nun auf die Signale eingehe, die mir mein Körper vermittelt, so werde ich immer leer zurückbleiben, weil diese Sehnsucht ja nur im Gegenüber Erfüllung finden kann.

Dies alles weiß ich inzwischen. Trotzdem gelingt es meinem Verstand nicht, es meiner Gefühlswelt zu übersetzen. Denn sie bedrängt mich gelegentlich unnachgiebig – und ich falle ihr erneut zum Opfer und bin unglücklich. Wie lerne ich, mit diesen Gefühlen umzugehen?

Tagebuch

Wieder wird es Frühling. Es ist der zweite Frühling, den ich Markus schon kennen darf. Mir ist, als erlebe ich alles intensiver, seit ich ihn habe. Durch Markus ist auch solch ein Erwachen, solch ein Sehnen in mein Leben gekommen, wie ich es vorher nicht gekannt hatte.

Und jede Begegnung bringt uns einander näher. Ich merke, wie Markus immer nur so weit geht, wie ich innerlich bereit bin, zu seinen Zärtlichkeiten ja zu sagen. Seine Küsse sind leidenschaftlich und stürmisch und wecken in mir eine Glut von Gefühlen, ihm näher, noch viel näher zu sein. Ich habe Angst, daß mich meine Gefühle überwältigen und ich meinen eigenen Vorsätzen untreu werde. Wie sollen wir nur eine noch so lange Wartezeit aushalten?

Tagebuch

Abschied

Ob Markus beim Abschied ähnlich empfindet wie ich? Als er heute abend von mir wegfuhr, fühlte ich mich wie zerrissen.

Könnte ich doch eins mit ihm sein! Mich hingeben mit all dem, was ich für ihn empfinde – meinen Körper zu dem seinen, seinen zu dem meinen machen.

Ich merke, wie bei unseren Umarmungen Widerstände in mir brechen, Vorsätze zum Wanken gebracht werden.

Es ist die Sehnsucht unserer Körper nacheinander. Doch wie weit bin ich davon entfernt, eine gute Partnerin zu sein!

So oft versuche ich, in Markus meine eigenen Vorstellungen zu verwirklichen. Ich versuche, ihn in eine Form zu pressen, in die er nicht will, bis zu seiner Kleidung!

Ich wünschte bis hin zu meinen Gefühlen, er möge dieselben haben wie ich, und in seinen Gedanken sollten sich die gleichen widerspiegeln, die auch ich denke. Sehe ich ihn nur als Projektion meiner selbst?

Frage ich Markus danach, was er denkt, so erschüttert es mich oft, daß ihn ganz „normale" Dinge beschäftigen, während mein Herz für ihn brennt.

Als wir gestern Hand in Hand über die Wiese schlenderten, zitterte mein Herz aus Liebe zu ihm. Und als ich ihn fragte, über was er nachdenke, da erklärte er, daß er sich gerade überlegt habe, ob er sich später wohl das neueste Ford-Auto leisten könne, das so zügig beschleunigt. Ich war sprachlos. Wie unwichtig erscheinen mir solche Gedanken. Ist unsere Liebe zueinander nicht viel wichtiger?

Und dann war er noch ärgerlich auf mich, weil ich beleidigt war. Er warf mir vor, ihn bis in seine Gedanken hinein bevormunden zu wollen. Ich habe aber gar keine Lust, ihn zu bevormunden. Diese Aussage erscheint mir richtig lächerlich. Doch offensichtlich erlebt Markus mich so.

Ich muß noch viel lernen!

Stefanie für Markus

Das ist mein Wunsch
    Eins mit Dir sein!
    Alles mit Dir denken!
    Alles mit Dir fühlen!
    Alles mit Dir teilen!

Das ist der Weg
    Eins mit Dir werden!
    Trotz Enttäuschung bei Dir bleiben!
    Deine Gefühle verstehen!
    Dein Denken nachvollziehen!
    Aufhören, Dich verändern zu wollen!

Das ist das Ziel
    Eins mit Dir bleiben!
    Den ersten Schritt gehen!
    Mich in Vergebung üben!
    Keine Bitterkeit nähren!
    Dir Freiraum schenken!
    Dich Du selbst sein lassen!

Und das brauchen wir beide
    Nähe, um uns Geborgenheit zu schenken.
    Distanz, um vom Abstand her wieder das
    richtige Maß zu erkennen –
    und Weisheit, wann wir den anderen
    mit dem einen oder anderen beglücken
    können.

Tagebuch

Ostern

Daß wir beide nun an Ostern freibekommen haben, war einfach ganz wunderbar. Weihnachten war durch unsere Dienste ja um so mehr zerrissen gewesen. Es war ein Geschenk, während dieser Osterfreizeit im Kreis so vieler Freunde zu sein, die den Weg mit Jesus gehen. Das war wie eine Rückkehr in eine Familie.

Das Thema 'Freundschaft und Zärtlichkeit' war wie auf uns zugeschnitten. Mich beeindruckte die Schilderung von Hans-Joachim, der über die Gefühle Jesu sprach. Ich habe die Evangelien unter diesem Gesichtspunkt noch nie gelesen. Jesus hatte keine Scheu, seine Gefühle anderen mitzuteilen.

Jesus treibt die Händler ärgerlich aus dem Tempel, Jesus frohlockt im Geist darüber, daß Gott es den Einfachen erlaubt, ihn zu erkennen. Jesus blickt den reichen Jüngling voller Liebe an, er weist Petrus zurecht, als dieser ihn hindern will, seinen Leidensweg zu gehen. Jesus ist traurig über seine Jünger, die in der Todesstunde beim Gebet einschlafen, – und er weint über Jerusalem.

Gefühle zu zeigen ist offensichtlich etwas Positives. Wichtig ist, daß wir nicht von ihnen in falscher Weise beeinflußt werden, was uns zu Fehlverhalten leiten kann.

Jesus zeigt uns seine Liebe darin, daß er für uns starb, als wir noch Sünder waren. Da war nichts Liebenswertes an uns.

Ebenso wichtig ist es, daß wir andere durch unsere Gefühle nicht unter Druck setzen. So ist auch Gottes Angebot an mich völlig freiwillig und ohne Druck. Ich kann es annehmen oder ablehnen. Aber meine Annahme wird Konsequenzen haben, wie auf Dauer auch meine Ablehnung Folgen haben wird.

Diese Lebensübergabe an Jesus Christus muß bis in meine Gefühlswelt hineingehen. Dies ist ein Prozeß, der von meinem

Willen ausgeht. Ich werde deshalb aber noch lange nicht alle Gefühle unter Kontrolle haben. Je mehr ich mich für Christus öffne, um so mehr wird er mir Kraft geben, seinen Willen nicht nur zu wollen, sondern auch auszuführen.

Gefühle haben? Ja! Zärtlichkeit? Ja! Freundschaft? Ja! Aber alles soll im Einklang mit dem Willen Gottes stehen, indem ich für den anderen Verantwortung übernehme, ihn in Freiheit entscheiden lasse, ohne Druck auf ihn auszuüben.

Und das ist nur möglich, wenn ich körperlich Grenzen wahre. Wer mit dem anderen geschlechtlich verkehrt, um ihn in einer Freundschaft zu beschenken, und sei es mit den besten Absichten, macht ihn dabei unfrei. Er nimmt ihm die Chance, zur Reife zu kommen, und entwertet ihn gleichzeitig für seinen zukünftigen Lebenspartner. – Und wenn man im Freund den zukünftigen Ehepartner sieht? Dann muß mir der andere um so kostbarer sein! Wir entziehen einander das Glück, das Gott unserer Ehe bestimmt hat, dadurch daß wir nicht bereit sind, Spannungen aushalten zu lernen.

Das ist alles so einsichtig und richtig. Auch Markus und ich sehen das so. Doch die Wirklichkeit ist so schwer zu ertragen. Bald haben wir unseren ersten „Verlobungstag". Noch sind es mehr als zwei Jahre, bis meine Ausbildung zu Ende ist. Nächstes Jahr um diese Zeit wird Markus' Ersatzdienst enden. Danach beginnen einige Jahre Studium. Es ist alles so aussichtslos!
Ich weiß, daß nur der Herr helfen kann.

Tagebuch

Bahnhof

Jede Minute mit dir will ich auskosten, bevor der Zug kommt. Dann will ich gar nicht reden oder gar etwas Besonderes mit dir besprechen. Nur einfach in dich hineinhören oder, wenn du sprichst, deine Worte „hinterhören", den Klang deiner Stimme aufnehmen.

Ich liebe es, wie du mit deinen kräftigen Händen die meinen umfaßt! Mein ganzes Leben will ich in diese Hände legen. Ich weiß, daß du mich hältst. Ich mag an dir, daß du so groß bist. Ganz klein möchte ich mich machen und ein Teil sein von dir. – Dann höre ich den Zug heranfahren wie ein nahendes Gewitter, vor dem ich flüchten will. Ganz fest halte ich deine Hände, will alles noch einmal von dir aufnehmen: deinen Blick, deine Lippen, deinen Atem. – Dann bin ich im Zug, und du stehst draußen. Ein Pfiff, die Lokomotive setzt sich in Bewegung. Ich empfinde körperliche Schmerzen, während deine winkende Gestalt immer kleiner und kleiner wird.

Es tut so weh! In Gedanken begleite ich dich auf deinem Nachhauseweg. Ich schaue mich im Abteil um. Niemand um mich herum sieht fröhlich aus. Ein Abteil voll trauriger Menschen. Was sie bewegen mag? Blicke voller Resignation und Gleichgültigkeit. Nein, mit niemandem will ich tauschen!

Der Schmerz läßt nach. Deine Liebe macht mich reich. Irgendwann werde ich bei dir bleiben dürfen – für immer!

Tagebuch

Ein berauschendes Wochenende

Ein berauschendes Wochenende liegt hinter mir. Wir haben uns geküßt, geküßt, geküßt. Ich kann gar nicht genug bekommen von seinen Küssen.

Wir lasen miteinander in der Bibel, fuhren hinaus in den Wald zum Spazierengehen, sprachen und lachten miteinander und küßten uns. Als wir wieder vom Spaziergang zum Parkplatz zurückkehrten, stiegen gerade Leute aus ihren Autos. Mich störte das wenig. Eng an Markus geschmiegt ging ich weiter. Doch ich spürte, wie er mich sanft zur Seite schob. Schämte er sich meiner? War ich ihm nicht schön genug? Wollte er sich nicht zu mir bekennen? Ich erinnerte mich an unser Gespräch vor einigen Wochen: Für ihn bedeutet dieses Verhalten ein Zur-Schau-Stellen seiner Liebe zu mir. – Mir erscheint das ganz anders. Wir beide lieben uns. Jeder soll das wissen, ob er uns kennt oder nicht. Wer sich an unseren Küssen stört, soll wegschauen. Ich bin so stolz auf ihn. Ich möchte das am liebsten jedem zeigen! Mich macht es traurig, daß Markus anders darüber denkt.

Gestern abend, bevor ich nach Heidelberg zurück mußte, gingen wir noch zu unserem geliebten Spielplatz. Wir schaukelten, so hoch uns die Schaukeln hinauftrugen. Manchmal waren wir ganz nah beieinander, dann ganz weit voneinander entfernt – so wie in der Wirklichkeit. Auf der Bank gaben wir uns letzte, sehnsuchtsvolle Küsse... Wie soll ich diese Woche ohne ihn durchstehen?

Von Stefanie an Ruth Heil

Liebe Ruth,

es macht mich dankbar, daß ich mich in allen Konfliktsituationen an Dich wenden darf. Trotzdem fällt es mir schwer, Dir zu berichten, daß Punkt 3 unserer Abmachung gebrochen wurde. Wir haben uns am Wochenende fast unablässig geküßt, sobald sich eine Gelegenheit ergab. Und wenn keine da war, schufen wir sie, z.B. beim gemeinsamen Kartoffelholen bei meinen Eltern im Keller. Ich merke, wie angegriffen ich mich schon oft in dieser Woche fühlte, besonders was die Selbstbefriedigung betrifft.

Mein Selbstwertgefühl sinkt auf Null. Ich fühle mich überflüssig und ungeheuer einsam danach. Eigenartig, daß das, was zuvor Entspannung versprach, in solche Bedrückung führen kann. Und dennoch bewahrt dieses Wissen offensichtlich nicht vor weiterer Verwirrung. Es verwirrt mich, daß ich gegen besseres Wissen handle – ja noch mehr –, daß die Enttäuschung über mich selbst mich manchmal in einen neuen Kurzschluß treibt. Ich frage mich ernstlich: Wer bin ich?

Danke, daß Du versuchst, mich zu verstehen!

Deine Stefanie

Von Ruth Heil an Stefanie

Liebe Stefanie,

Du hast den Zusammenhang selbst durchschaut. Durch Eure häufigen Umarmungen erwacht in Dir immer stärker das Bedürfnis, Markus körperlich näherzukommen. Da die Zeit noch nicht gekommen ist, diesem Wunsch nachgeben zu dürfen, mußt Du viel früher die Sache anpacken!

Ganz praktisch heißt das: weniger Umarmungen, sich nicht so häufig alleine treffen, und eben auch, sich seltener treffen. Durch Euer Handeln weckt Ihr Wünsche in Eurem Körper, die Ihr mit der Zeit immer schwerer stoppen könnt. Man kann es mit einem Auto vergleichen, das man startet. Immer schneller wird es, indem man den Gang einlegt und Gas gibt. Wenn man dann den Fuß vom Gaspedal wegnimmt, hält es noch lange nicht an, sondern läuft noch viele Meter, entsprechend der vorherigen Geschwindigkeit, weiter.

Ihr trefft Euch momentan ja höchstens einmal in der Woche. Ich weiß, daß das Euch jetzt schon wie eine Durststrecke vorkommt. Dennoch wäre es gut, dies noch weiter zu reduzieren. Denn jede Begegnung bringt Euch einander näher. Begegnungen von zwei Menschen, die sich lieben, sind ein immer engeres Aufeinander-Zugehen. Zwischen Euch liegen nur noch wenige Schritte, die Ihr wohl bedenken müßt!

Deine Ruth

Von Stefanie an Ruth Heil

Liebe Ruth,

sich noch seltener sehen? Ich muß zugeben, daß ich beim Lesen Deines Briefes richtig ärgerlich auf Dich wurde. Doch ich weiß, daß Du uns helfen willst. Wie soll dies aber praktisch aussehen? Seit wir nun die vielen Monate in dem großen Abstand voneinander wohnen und uns nur einmal pro Woche sehen, steht vor dieser Begegnung jedesmal eine große Spannung, verbunden mit einer Freude aufs Wiedersehen. Kann uns da eine noch längere Trennung nicht möglicherweise in noch größere Konflikte bringen?

Lieben Gruß

Stefanie

Von Ruth Heil an Stefanie

Liebe Stefanie,

wir leben zwar nicht mehr zur Zeit des Alten Testamentes. Trotzdem erscheint mir interessant, wie sich die Menschen, die einander versprochen waren, zu verhalten hatten. Ich schicke Dir das Buch „Sitte und Sippe in Bibel und Orient" von Raphael Patai (Ner-Tamid-Verlag, Frankfurt) zu.

„Wenn die Eltern einmal übereingekommen sind, daß sie ihre Kinder heiraten lassen wollen, gilt als festgelegt, daß der junge Mann und das Mädchen sich nicht mehr sehen dürfen. Sache vor allem des Mädchens ist es, sich jede erdenkliche Mühe zu geben, um zu verhindern, daß ihr zukünftiger Gatte sie sieht." Möglicherweise lag darin der Schlüssel für die Reinheit! Der junge Mann wußte ab jetzt, auf wen er sich freuen durfte. Damit sein Verlangen nicht zu groß wurde, mußte die zukünftige Braut sich ihm entziehen.

Schreibe mir, was Du darüber denkst.

Deine Ruth

Von Stefanie an Ruth Heil

Liebe Ruth,

das Buch ist interessant. Obwohl ich wirklich wenig Zeit habe, habe ich kein Kapitel ausgelassen. Trotzdem bin ich unheimlich dankbar, nicht zu dieser Zeit zu leben, in der diese Sitten herrschten, und auch nicht in den Völkern, in denen es bis heute noch ähnlich geschieht!

Ich möchte Markus immer mehr kennenlernen, seine Gedanken, seine Gefühle, seine Überlegungen und Argumente. Wie könnte ich das, wenn wir uns nicht mehr sehen dürften?

Und doch merke ich ganz deutlich, daß jedes Wiedersehen uns mit einer ungeheuren Kraft näher zueinander treibt.

Geht es auf das Wochenende zu, so kreisen alle Gedanken um Markus. Ich bin weder beim Lernen noch bei der Arbeit richtig bei der Sache.

Und nach jedem unserer Treffen fühle ich mich wie zerrissen. Ich gehöre zu ihm, und irgendwie auch noch nicht. Ich möchte ganz ihm gehören und darf es doch nicht. Ich gehe, wie ich gekommen bin, voll Sehnsucht...

Wir werden uns von nun an nur noch jede zweite Woche treffen, obwohl mir dieser Gedanke fast körperliche Schmerzen bereitet. Danke für Deine Gebete für uns.

Deine Stefanie

Von Stefanie an Markus

Hallo, Du lieber Markus,

der Sommer kommt immer näher, und mit ihm erwacht in den meisten Menschen eine größere Lebensfreude. Diese Freude sieht bei jedem anders aus, und was den einen begeistert, stößt den anderen ab.

Unser Schülerinnenwohnheim liegt nahe an der Straße. Abends finden sich zur Zeit oft junge Männer ein, die durch Pfeifen auf sich aufmerksam machen wollen. Wenn man ans Fenster geht, machen sie die kühnsten Versprechungen und heben meist besonders hervor, welche ausgezeichneten Liebhaber sie seien. Ich finde es einfach widerlich. Ihr aufdringliches Werben erinnert mich an die maunzenden Kater in lauen Sommernächten.

Wir waren zu dritt im Zimmer. Eine von uns lockte den „Vogel" immer näher unter unser Fenster, das, wie Du weißt, im zweiten Stock liegt. Die anderen füllten Wasser in einen Eimer. Hatten wir das Opfer in erreichbare Nähe gelockt, so stürmten die anderen auf einen Wink hin zum Fenster und kippten das Wasser hinunter. Wie der Junge auf einmal rennen konnte! – Wie herzhaft wir darüber lachten, kannst Du Dir vorstellen.

So wurden heute abend drei junge Männer Opfer unfreiwilliger Duschen. Die kommen sicher nie wieder! Ob Du über mich entsetzt bist?

Ich bin froh zu wissen, daß Du niemals so etwas tun würdest. Wie erniedrigend für einen Menschen, auf diese Weise seine Wünsche zu offenbaren.

Ich umarme Dich, mein lieber Schatz, und wünsche mir heute mehr denn je, warten zu lernen.

Deine Stefanie

Stille mit Gott

Psalm 139, 23+24: „Erforsche mich, Gott, und erkenne mein Herz. Prüfe mich und erkenne, wie ich's meine. Und siehe, ob ich auf bösem Wege bin, und leite mich auf ewigem Wege."

Dieser Vers bewegt mich. Können wir uns nicht selbst erforschen? Wissen wir selbst nicht viel besser, wer wir sind?

Während ich darüber nachdenke, wird es mir klar. Es stimmt, was der Psalmist sagt. Ich weiß oft nicht, wer ich bin. Manchmal weiß ich auch nicht, was ich wirklich will. Von was werde ich eigentlich bestimmt? Wer führt mich bei meinen Entscheidungen? Meine Antworten entspringen meiner Gedankenwelt. Letztlich bestimmt sie mein Handeln. Wer aber lenkt meine Gedanken? „Erforsche mein Herz" ist ein gutes Gebet. Und es mündet darin: „Und siehe, ob ich auf bösem Wege bin, und leite mich auf ewigem Wege", was letztlich heißt: Meinen Blicken ist oft verborgen, was gut und böse ist. Ich handle nach meinen Gefühlen und will nichts Schlechtes. Trotzdem kann es falsch sein.

Heute brachte Markus mich mit dem Auto nach Heidelberg. Ich hatte während der Fahrt meinen Kopf in seinen Schoß gelegt und schaute die Sterne am Nachthimmel an. Gefühle von Nähe, Geborgenheit und Glück durchzogen mich. Doch ich spürte, wie Markus durch mein Verhalten ganz durcheinander war. Trotzdem setzte ich mich nicht aufrecht neben ihn auf den Beifahrersitz. Dieses prickelnde Gefühl, begehrt zu sein, wollte ich nicht unterbrechen. Erforsche mich Gott! Und siehe, ob ich auf bösem Wege bin... Es war kein guter Weg. Meine Liebe ist noch zu egoistisch! Herr, leite mich auf ewigem Wege, auf deinem Wege, daß ich Markus zur Hilfe und nicht zur Versuchung werde.

Tagebuch

Es ist ein wunderschöner Sommerabend. Fast alle aus unserem Kurs haben für heute abend eine Verabredung. Die anderen sind als Gruppe weggegangen, um irgendwo ihr Glück zu suchen. Ich habe Miriam, meiner Zimmerkollegin, beim Schminken zugeschaut. Wieviel Mühe sie sich gab, gut auszusehen! Sie war ziemlich ärgerlich auf mich, daß ich nicht mitging! Dabei hat sie einen festen Freund. Aber das hindert sie nicht, mit anderen zu flirten.

Es ist nicht so, als würde ich sie nicht verstehen! Mir gefällt es auch, umschwärmt zu sein. Ich freue mich über ein Kompliment. Liegt es in unserem Frausein, – dieses Bedürfnis, begehrt zu sein?

Mit einer Verlobung höre ich auf, um die Gunst der anderen zu werben. Meine ungeteilte Aufmerksamkeit gilt dann dem Menschen, für den ich mich entschieden habe. Das, was ich von ihm erwarte (daß er nämlich nicht um jemand anderen wirbt), muß auch für mich gelten. Eigentlich trauere ich nichts nach! – Und was ich noch als echtes Geschenk des Abends empfinde: Es herrscht überall hier eine fast himmlische Ruhe.

Überhaupt erscheint mir, daß in unserem Beruf die Menschen eine ungeheure Ablenkung suchen. Ist es die Not, mit der wir täglich konfrontiert werden? Oder die Hilflosigkeit, mit der wir so vielen Krankheiten gegenüberstehen, oder die Endgültigkeit des Todes, den wir nicht verhindern können?

Ich habe heute am Sterbebett einer Patientin gestanden, die ich sehr schätzte. Sie wußte, daß ihr Tod unabänderlich war, und trug dies mit großer Fassung. Nicht jeder findet sich damit ab, sterben zu müssen. Ich merke, daß die Menschen mit größerem Lebenswillen meist auch länger leben. Eigenartig, daß der Wille dabei eine Rolle spielt.

Manche erlebe ich, wie sie schreiend oder fluchend in die Ewigkeit gehen. Sie hängen bis zuletzt am Leben. Manche von ihnen haben bis zum Schluß Schmutz in ihren Gedanken und beschmutzen einen mit Worten.

Wieder andere sterben plötzlich bei einem relativ harmlosen Krankheitsbild. Andere schlafen ein, ohne wieder zum Bewußtsein zu gelangen.

Vorige Woche war ich bei einer Obduktion dabei. Die Frau, mit der ich einen Tag zuvor noch geredet hatte, lag da: wortlos, atemlos, fremd.

Uns allen ist das bestimmt. Es ist nicht leicht, täglich daran erinnert zu werden. Ich verstehe, wenn die anderen Zerstreuung suchen.

Wie dankbar bin ich, daß ich um die Liebe Gottes weiß. Sie wird mich auch einmal in dieser Stunde meines Lebens halten, über den Tod hinaus.

Tagebuch

Nun will ich noch an gestern anknüpfen. Ich ging relativ früh zu Bett. Heute morgen wurde ich wach, als Miriam zurückkam. „Steh auf, Budenkamel", weckte sie mich. „Laß uns noch einen Kaffee trinken. Der Dienst geht bald los." „Es war super", fügte sie hinzu. Doch ich merkte, daß in ihrer Stimme Enttäuschung mitschwang. Aber das durfte sie wohl nicht zugeben.

Nein, mit ihr tauschen wollte ich wirklich nicht! Ihre Erlebnisse würde ich eher als bedrückend denn als beglückend empfinden.

Daß ich Markus finden durfte! Welches Geschenk! Mein Suchen nach dem Glück hat aufgehört. Ich habe es gefunden.

Tagebuch

Begegnung

Heute traf ich nach langen Jahren Tante Elisabeth wieder. Mir gefällt ihr jugendliches Wesen, wie sie spricht, und ich mag ihre lebhaften Erzählungen.

Bei unserer Begegnung fiel sie mir um den Hals, ungezwungen und fröhlich: „Weißt Du, die Verlobungszeit ist die allerschönste Zeit im Leben. Genieße sie so recht!"

Mich schüttelte es. Und ich war wie gelähmt. Sollte sie am Ende recht haben? Ich mußte zugeben, daß diese Zeit eine besondere war, daß die Zuneigung, die ich durch Markus erfuhr und ihm wiedergeben durfte, herrlich war. Doch da war auch die andere Seite, und die war schmerzlich: All diese Spannungen aushalten – die immer wiederkehrende Trennung ertragen – die auferlegten Grenzen wahren! Nein, dies durfte einfach nicht die schönste Zeit sein! Bei Markus wollte ich sein! Als seine Frau mit ihm leben dürfen! Nie mehr fort müssen!

Ob sie wohl all die Not ihrer eigenen Verlobungszeit vergessen hatte? Oder war und ist es im Leben so, daß man nur das Schöne behält, das Vergangene vergoldet und den Rest vergißt? Da stand sie, meine liebe Tante, und wußte doch nicht, was in meinem Inneren vor sich ging.

Ich bedankte mich für ihren Rat und nahm mir vor, jeden Tag noch bewußter leben zu lernen, noch bewußter zu lieben und noch bewußter mich an seiner Liebe zu freuen. Mich nicht nur auf die Zukunft zu freuen, sondern die Gegenwart zu nutzen, um das Kommende froh gestalten zu können.

Tagebuch

Nein zu sagen, obwohl das Ja wie ein Feuer in mir brennt; und auch Nein zu meinen, obwohl es mir wie ein Aufgeben meines Selbst, meiner tiefsten Wünsche, erscheint – diese Kunst stellt mir fast zu hohe Forderungen. Ich kann es nur, indem ich ständig das Ziel vor Augen habe. Ich ertrage das Nein, weil ich sonst das Ziel verfehlen würde. Ich weiß es. Wenn ich allein bin und darüber nachdenke, tritt es klar vor meine Augen, doch wenn ich den sehe, den meine Seele liebt, überwältigen mich meine Gefühle. Ihm will ich gehören, ganz und für immer. Das Ziel scheint so weit weg, noch zwei Jahre. Es erscheint mir wie eine Ewigkeit. Jeder Tag bis zu unserer Hochzeit ist mir wie eine Weinbergschnecke, die ganz gemütlich mit großen Pausen dahinkriecht. Schaue ich zurück auf die vergangenen Tage, so sind die Stunden mit ihm wie im Zeitraffer vergangen, schnell dahingestürmt, voll von Erlebnissen. Ein Traum von der Wirklichkeit, die mich trennt von dem, den ich liebe.

Wieviel Mal werde ich das Herzklopfen des Glücks, wenn ich ihn kommen sehe, und den fast zerstörenden Schmerz, wenn er geht, ertragen müssen, bevor wir einander ganz gehören dürfen?

Gebet

Herr, es ist viel leichter, den Weg zu wählen, den alle Welt geht. Warum soll ich Spannungen aushalten? Ich habe manchmal den Eindruck, etwas zerreißt in mir. Ist es nicht ungerecht, daß die anderen scheinbar ungestraft treiben, was ihnen Spaß macht? Und wir beide, Markus und ich, wissen doch, daß wir füreinander bestimmt sind! Wir würden doch nicht miteinander spielen, wenn wir uns einander schon ganz vor der Hochzeit schenkten. Was ist daran so verkehrt?

Herr, ich schweige und versuche, auf dich zu hören. Mir kommt das Wort „Gehorsam" in den Sinn. Es gibt viele Dinge, die ich in deinem Wort nicht verstehe. Warum konnte der Prophet Elisa (2. Kön. 5) zu dem kranken Naeman nicht einfach sagen: „Sei gesund!" Da mußte dieser Mensch erst siebenmal im Jordan untertauchen, um das Wunder der Heilung zu erfahren.

Offensichtlich hast *du,* Herr, andere Maßstäbe als ich. Gehorsam ist heute ein unübliches Wort. Und dennoch liegt gerade im Gehorsam *dir* gegenüber ganz offensichtlich die Erfahrung des Gesegnetwerdens. Ich möchte unter keinen Umständen dieser Erfahrung beraubt werden.

Hilf mir bitte!

Tagebuch

Noch weint mein Herz, und es fällt mir schwer zu sagen, ob es aus Schmerz oder vor Freude weint. Schmerz über das Wieder-Auseinandergerissensein oder das Glück, die unbegreifliche Glückseligkeit der vergangenen Stunden. Nie habe ich die Armseligkeit meines Sprachschatzes und die geringe Ausdruckskraft unserer Sprache, was die Liebe angeht, mehr wahrgenommen als jetzt, da ich liebe. Braucht die Liebe vielleicht gar keine Sprache? Ich möchte mich dir so gerne auch in der Sprache mitteilen! Haben die Menschen vor mir je geliebt, wie ich jetzt liebe? Hätten sie nicht viel mehr Worte finden müssen? Oder brauchen wir die Worte nicht? Spricht unsere Seele unmißverständlicher als Worte? Ich ertrage nicht, daß ich dem, den ich liebe, auch vorenthalte, was ich so gerne ausdrücken möchte, obwohl ich fühle, wie seine Seele der meinen antwortet.

Wir saßen auf einer blumenübersäten Wiese, deren Blütenduft sich mit dem Geruch frischgemähten Grases und der feuchten Luft des hinter uns liegenden Waldes mischte. Langsam brach die Dämmerung herein. Wir sprachen in diesen Stunden nicht viel – wiesen auf einen Schmetterling, eine kleine Biene, einen Käfer, der den Grashalm bog. Die Luft – ein Konzert voll von Vogelgezwitscher. Warst du ich und ich du?
O Ewigkeit, o Sehnsucht, o wunderbarer Gott!
Wieviel Verlangen hast du in ein kleines Herz gelegt!

Von Stefanie an Ruth Heil

Liebe Ruth,

wenn wir am Wochenende zu Hause sind, haben wir auch immer wieder zu unserem früheren Jugendkreis Kontakt. Das betrifft besonders Markus, da er viele junge Leute dort auf ihrem Weg begleitet hat und heute noch ihr Ansprechpartner ist. Markus geht voll Freude in dieser Aufgabe auf. Er ist ein überaus guter Zuhörer, und auch ich empfinde, daß er im Gegensatz zu anderen eine viel größere Reife besitzt.

Grundsätzlich bin ich damit einverstanden, daß unser Wochenende nicht nur mir allein gehört. Aber manches Mal fühle ich mich zu kurz gekommen. Dazu kommt, daß viele Mädchen Markus sehr gerne mögen und auch deshalb sich in den verschiedensten Angelegenheiten an ihn wenden. Das ist nicht immer leicht für mich. Am Samstag sprach Angelika über zwei Stunden lang mit Markus. Er war danach so fröhlich und gelöst, daß ich richtig wütend auf ihn war. Wie konnte er sich mit jemand anderem so angeregt unterhalten, während ich sehnsüchtig auf ihn wartete? Schließlich war Markus dann wütend auf mich. „Wenn du jetzt schon eifersüchtig bist", sagte er, „wie soll ich später dann einmal meinen Beruf ausüben?" Wir hatten eine heftige Auseinandersetzung, in der ich ihm vorwarf, daß alle Leute mit Problemen ihm wichtiger seien als ich.

Liebe Ruth, habe ich nicht ein Recht darauf, den ersten Platz in Markus' Leben zu haben?

Wieviel von seiner Zeit ist er verpflichtet, mit mir zu verbringen?

Bitte schreib mir bald!

Deine Stefanie

Von Ruth Heil an Stefanie

Liebe Stefanie,

wie gut verstehe ich Dich! Wenn wir als Frauen jemanden lieben, so wollen wir ihn ganz haben, sozusagen mit Haut und Haar. Doch dies ist für eine Freundschaft auf Dauer todbringend. Für den Mann ist das Mädchen, das er liebt, unendlich wichtig. Aber fast genauso wichtig ist es für ihn, Bestätigung in seinem Beruf zu finden, – zu spüren, daß sein Rat gefragt ist, daß er gebraucht wird. Wenn man dann noch, wie in Deinem Fall, mit einem solch besonderen Menschen wie Deinem Markus befreundet ist, wird man ihn öfters teilen müssen.

Und das ist eine Entscheidung, die Du jetzt treffen mußt! Gib ihn frei für die Aufgaben, die ihn erfüllen, und mach ihm keine Vorwürfe darüber, wenn er sich für Menschen einsetzt. Daß Dir dies natürlich besonders schwerfällt, wenn er mit einem Mädchen, vielleicht gar einem attraktiven, spricht, ist verständlich. Doch durch Dein Verhalten änderst Du ihn nicht. Du treibst ihn dahin, daß er sich gezwungen fühlt, sich zu rechtfertigen. Dadurch wird er in Zukunft Deine Gegenwart eher meiden als sich daran freuen. Du kannst seine ganze Freude im Dienst an anderen Menschen untergraben und gewinnst dabei ein launisches Gegenüber, an dem Du auch keine Freude hast.

Was Du tun kannst? Gib Deinen Markus frei! Versuche, Dich zu freuen, daß er gebraucht wird, und verbringe diese Zeit, in der er sich anderen Menschen widmet, nicht damit, in der Ecke zu sitzen und mit steigender Wut und Selbstmitleid auf ihn zu warten! Fülle diese Zeit mit Dingen, die Dir Freude bereiten, oder damit, daß Du jemanden besuchst, der vielleicht schon lange darauf wartet, daß Du wieder einmal bei ihm vorbeischaust. Bereite Deiner Mutter die Freude, einmal mitzuhelfen, ohne daß sie Dich dazu auffordert.

Damit hörst Du auf, Deine Gedanken ganz auf Markus zu fixieren. Durch Eifersuchtsszenen verlierst Du ihn eher, als daß Du ihn für Dich gewinnst.

Allerdings ist es gut, ohne Vorwurf mit Markus über die Angelegenheit zu sprechen. Etwa so: „Wäre es nicht möglich, daß wir eine bestimmte Zeit ausmachen, in der Du Dich mit den anderen beschäftigst? Für diese Zeit habe ich ein Ja. Es fällt mir nämlich schwer, Dich so lange mit anderen zu teilen. Doch ich sehe, daß es Dir Erfüllung bringt. Deshalb möchte ich aber auch gewiß sein, daß ich für Dich am wichtigsten bin, damit ich mich nicht abgeschoben fühlen muß. Und diese Gedanken entstehen in mir, wenn Du auf unbestimmte Zeit mit irgend jemandem Gespräche führst."

Ich glaube, auf diese Weise kann Markus Dich verstehen und auf Dich eingehen.

Für heute lieben Gruß!

Deine Ruth

Tagebuch

Markus' Bruder Michael wird am Wochenende heiraten. Damit ich bis zuletzt dabeisein kann, wird Markus mich abholen und morgen früh auch wieder zurückbringen.

Wie mein Herz klopft, wenn ich hier auf dem Fenstersims sitze und auf ihn warte! Da wacht meine ganze Sehnsucht in mir auf. Wenn er ankommt, aussteigt und mir winkt, dann möchte ich Himmel und Erde umarmen und in einem fort lachen. Ich sause die Treppen hinunter und liege in seinen Armen. Welches Glück, ihn wiederzuhaben!

Ich freue mich auf Michaels Hochzeit. Und doch empfinde ich auch T.raurigkeit und etwas Neid, daß er schon da ist, wo ich so gerne sein möchte: verheiratet mit dem Menschen, den ich liebe. Doch bin ich überhaupt reif für die Ehe? Ich frage mich manchmal, ob es Liebe ist, was ich für Markus empfinde. Ist all meine Sehnsucht nach ihm, nach seinen Umarmungen und Küssen und liebevollen Worten vielleicht nur die Befriedigung meiner eigenen Wünsche? Wie weiß ich, ob ich ihn um seiner selbst willen liebe? Was zieht uns zueinander hin?

Eigentlich weiß ich keine Antwort. Ich kann nur feststellen, daß der Gedanke, ohne ihn leben zu müssen, für mich unvorstellbar ist.

Michael und Anne gingen nun schon Jahre miteinander. Michael ist fünf Jahre älter als Markus. Ich hätte nie gedacht, daß er sich schon binden würde. Er hat von Freundschaft eine ganz andere Vorstellung gehabt als wir. Um so mehr freuen wir uns jetzt mit.

Ich fand die Hochzeit sehr schön. Aber meine eigene stelle ich mir ganz anders vor! Eine kleine Familienfeier genügt mir nicht. Am liebsten würde ich die ganze Welt einladen, um ihr kundzutun, daß ich den liebsten Mann der ganzen Welt heirate. Eigentlich will ich auch nicht, daß alkoholische Getränke ausgegeben werden. Am Abend waren viele leicht 'besäuselt', und die Unterhaltung, die dann geführt wurde, war nicht unbedingt geistreich.

Markus war bei der Hochzeit sehr in sich gekehrt und sprach fast kein Wort mit mir. Wollte ich ihn aufmuntern, reagierte er beleidigt. Ich kann ja schließlich doch auch nichts dafür, daß wir noch nicht heiraten dürfen!

Am Schluß hatte ich gar keine Lust mehr zu bleiben. Er brachte mich nach Hause. Schweigend liefen wir die Straße entlang. Aber es war kein liebevolles Schweigen, sondern ein kaltes, abweisendes, vorwurfsvolles. Ich mußte mich beherrschen, um nicht laut zu weinen. War es nicht damit genug, daß andere heiraten durften und wir nicht? Mußte er mir nun die Last durch sein Schweigen noch vergrößern? Hätte er mich nicht trösten können? Schließlich war ich richtig wütend auf sein Selbstmitleid.

Ich rannte ihm einfach davon, und er ließ mich laufen. Das erschütterte mich am meisten. Als ich die Haustür zugeschlossen hatte, konnte ich meine Tränen nicht mehr zurückhalten und brach in Schluchzen aus. Zum Glück hörten meine Eltern mich nicht. Sie schliefen schon. Was hätten sie auch denken sollen, wo ich doch von einer Hochzeit kam.

Aber seltsam, wie stark ich mich jetzt nach ihrer Nähe sehnte. Sie hätten mich nicht einfach so weglaufen lassen wie Markus. Sie hätten mich getröstet! Plötzlich hatte ich das Bedürfnis, noch einmal ganz klein zu sein und auf den Schoß meiner Mutter zu flüchten.

Wie das später einmal sein wird, wenn wir in der Ehe Schwierigkeiten haben werden? Ob ich dann fähig sein werde, sie zu bewältigen?

Tagebuch

Wartezeit

Ich merke, wie die Wartezeit mich gelegentlich in die Traurigkeit treiben will, darüber daß ich mich dir nicht ganz schenken darf. Nichts wünschte ich mehr als das! Und doch weiß ich auch, daß ich dir Größeres schenken darf, wenn ich dir die Qual des Wartens auferlege. Und daß auch du mir um so wertvoller wirst, je länger ich dich nicht ganz besitze. Dies alles erinnert mich an meinen weißen Häkelpullover, den ich gerne trage, weißt du, der mit dem großen Kragen. Ich habe ihn schon einige Jahre. Vielleicht ist er gar nicht mehr so schön, wie ich ihn empfinde; doch ich pflege ihn, und wenn ich ihn trage, ist es immer eine besondere Gelegenheit. (Deshalb habe ich ihn so oft an, wenn wir uns sehen!) Er trägt ein Geheimnis: Mehr als ein ganzes Jahr war er in einem Geschäft unserer Vorstadt ausgestellt. Immer, wenn ich einkaufen ging, machte ich vor diesem Schaufenster halt. Er war noch da! Mit einem Seufzer der Erleichterung ging ich weiter. Nach einiger Zeit sprach ich den Wunsch aus, ihn zu besitzen. Mutti schaute ihn mit mir an. Er war wirklich zu teuer, doch sie ging mit mir hinein, um ihn wenigstens anzuprobieren. Er war zu groß für mich. Doch mein Wunsch blieb. Nach einem Jahr hatte ich das Geld zusammen. Der Pullover war immer noch da! Nun gehört er mir!

Manchmal frage ich mich, ob er wirklich so schön ist. Ich glaube, ich bekam damals noch Nachlaß, weil er verstaubt war. Wie wenig mir das ausmachte! Und warum er so lange im Schaufenster gewesen war, ohne gekauft zu werden? Ob es der Preis, das Aussehen oder meine kindlichen Gebete waren, die es verhindert hatten, daß er gekauft wurde?

Für mich war nur eines wichtig, nämlich, daß er mir gefiel und gewiß auch, daß da die Unmöglichkeit des Kaufens war und die Möglichkeit, ihn an jemanden zu verlieren. – Ich frage mich, ob deshalb manche Ehe so gleichgültig und langweilig ist, weil man sich hat und weil es so wenig kostet, sich zu bekommen! Die Möglichkeit, dich zu verlieren, macht mich krank in meinem Herzen. Doch je länger ich auf dich warte, desto kostbarer erscheinst du mir, desto mehr weiß ich, daß es niemanden gibt, den ich dafür eintauschen wollte. Doch eher möchte ich das Furchtbare durchleben und dich verlieren, als dich zu besitzen, bevor du mir ganz gehörst. Ob die Wartezeit die Reifezeit unserer Liebe ist?

Von Markus an Hans-Joachim Heil

Lieber Hans-Joachim,

die Zeit mit Stefanie hat viele Lebensbereiche in mir angeregt, sich weiterzuentwickeln. Dieses Mädchen stellt eine ungeheure Herausforderung für mich dar.

Dies sehe ich zum einen positiv, zum anderen aber auch manchmal als Angriff auf meine Persönlichkeit.

Ich will Dir einfach den neuesten Vorwurf beschreiben. Mit einigen Kollegen, mit denen ich auf der Station arbeite, ging ich zum Konzert. Es entsprach genau meinem Geschmack, und ich gab mich den Klängen hin.

Bei unserem nächsten Treffen erzählte ich Stefanie meine Eindrücke. Ihre erste Frage danach war: „Hast Du mich dabei sehr vermißt?" Was sollte ich ehrlicherweise darauf antworten? Ich hatte mich ganz dem Geschenk dieses Abends hingegeben. Ich hatte auch nicht das Gefühl, es fehle mir etwas. Denn Stefanie konnte nicht dabeisein. Und warum soll ich etwas nachjammern, was nicht zu verändern ist?

Diese meine ehrliche Aussage stürzte Stefanie in tiefste Traurigkeit. Ja, sie behauptete sogar, ich würde sie nicht lieben. Und irgendwie erwartete sie möglicherweise gar noch, daß ich mich entschuldigte!

Das Ganze scheint mir wie ein großes Spektakel um nichts zu sein. Hängt das mit Stefanies Temperament zusammen? Zeige ich ihr vielleicht nicht genug, daß ich sie liebe? Oder sind gar alle Frauen so?

Und als Wichtigstes: Was kann ich daran ändern und ist überhaupt etwas zu ändern?

Ich kann doch in Zukunft nicht lügen, wenn sie mir eine solche Frage stellt, – nur um meine Ruhe zu haben?

Es ist wirklich anstrengend, verlobt zu sein!

Ich warte auf Deine Antwort.

Markus

Von Hans-Joachim Heil an Markus

Lieber Markus,

Du stellst gute Fragen, aber sie sind nicht einfach zu beantworten.

Was Du erlebst, ist eigentlich etwas ganz Normales. Du bist dabei, die Psyche der Frau zu entdecken. Und wie man dem Mann gerne nachsagt, das unbekannte Wesen zu sein, so könnte man der Frau nachsagen, ein unberechenbares Wesen zu sein. Ich zweifle daran, daß je ein Mann endgültige Aussagen über das Wesen der Frau machen könnte. Das, was wir Männer als unlogisch, undurchschaubar, je nach Temperament der Frau als 'Theater um nichts' gerne abtun wollen, kann bei der Frau wirklich ein Drama sein. Sie spielt es nicht nur, sie erlebt es wirklich so!

Wenn sie einen Menschen lieb hat, kreisen alle ihre Gedanken um ihn. Ihr ganzes Leben verändert sich, auch wenn sonst alle Lebensumstände die gleichen bleiben.

Ihre Erwartung an den Mann ist dann aber ähnlich, wie sie es selbst erfährt. Aus seinen Antworten entnimmt sie den Stellenwert, den sie in seinem Leben einnimmt.

Es gibt Betrüger, die diese Erwartungen der Frau geschickt aufgreifen können und auf diese Weise viele „Liebeserfolge" aufzeichnen können, um danach über zerbrochene Herzen wie über Leichen hinwegzugehen.

Trotzdem können wir etwas von ihnen lernen. Nämlich: einen Umdenkprozeß in unserem Inneren zu starten. Wenn es für den geliebten Menschen an meiner Seite wichtig ist, daß er in meinen Gedanken dabei ist, dann bemühe ich mich darum, ihm entgegenzugehen. Wenn Du Stefanie wirklich liebst, dann lerne, auf ihre Bedürfnisse einzugehen, selbst wenn es für Dich absolut nicht wichtig ist.

Und erinnere Dich selbst daran, das Konzert auch mit ihren Ohren zu hören; in Gesprächen herauszufinden, was dabei Stefanie interessieren könnte. Und das teile ihr mit.

Dies alles wird ihr das Gefühl geben, daß sie für Dich wichtig ist. Und das will sie ja sein, nicht nur wichtig, sondern lebensnotwendig, wie Du es auch für sie bist.

Für heute grüße ich Dich mit: „Nehmt einander an, wie Christus euch angenommen hat!” (Röm. 15,7).

Jesus nimmt uns ernst in unserem Denken, aber auch in unseren Gefühlen. Und er gibt uns nicht, was wir verdienen, sondern das, was wir brauchen.

Dein Hans-Joachim

Von Stefanie an Ruth Heil

Liebe Ruth,

seit die Liebe zu Markus mich ergriffen hat, ist mein ganzes Leben wie mit unsichtbaren Fäden mit ihm verknüpft. Ich denke plötzlich doppelt. Sehe ich ein Kleidungsstück in einem Geschäft, kommt mir unwillkürlich der Gedanke: Wird es ihm auch gefallen? Als ich vor ein paar Tagen mit der Straßenbahn hinaus an den Stadtrand fuhr und dort über die Wiesen ging, sah ich die Blumen mit seinen Augen, sprach in Gedanken mit Markus, schaute mit ihm zu dem kleinen Zaunkönig auf dem Baum hinauf und hörte mit ihm dem Rauschen des Windes in den Ästen der Bäume zu. Markus geht wie ein Schatten überall mit mir. Alles möchte ich mit ihm teilen: meine Wünsche, meine Empfindungen, meine Träume. Markus scheint es in diesem Punkt ganz anders zu gehen. Manchmal habe ich den Eindruck, er lebt ganz in seiner Welt, in der kein Platz für mich ist. Nur dann, wenn wir zusammen sind, lebt er mit mir. Ansonsten bin ich ausgeklammert.

Gelegentlich zweifle ich an der Ernsthaftigkeit seiner Liebe zu mir. Wenn er mich wirklich liebte, müßte er mich dann nicht viel öfters vermissen?

Wie kann unsere gemeinsame Zukunft Gestalt gewinnen, wenn er mich schon jetzt gedanklich ausschaltet?

Bitte hilf mir!

Deine Stefanie

Von Ruth Heil an Stefanie

Liebe Stefanie,

immer hast Du Dir den richtigen Mann gewünscht! Nun hast Du ihn! Ich will Dir keine Angst einflößen, doch die Psyche des Mannes, d.h. sein Denken, Fühlen und Handeln, wird von ganz anderen Dingen beeinflußt, als es bei der Frau der Fall ist. Wir sind nicht nur körperlich verschieden, sondern bis in unsere Gedanken hinein anders angelegt.

Das, was Gott dem Mann als Ergänzung und der Frau als Gegenüber geschenkt hat, ist eben nicht gleich geschaffen, sondern ist dazu da, um den anderen vollkommen werden zu lassen.

Gerade dieses Anderssein bringt oft Verwirrung. Wir erwarten vom Gegenüber die Antworten, die wir selbst geben würden, – und sind enttäuscht, ganz einfach, weil wir seine Aussagen als Mißachtung unserer Gefühle sehen, – weil wir uns möglicherweise in unserer Liebe nicht angenommen fühlen.

Dies ist ein Lernprozeß! Wenn Du Markus Fragen stellst, so baue vorher Deine Erwartungen ab. Und wenn er ganz anders antwortet, als Du es wolltest, laß dies zu einem heilsamen „Aha-Erlebnis" werden, etwa so: „Seltsam, ich wollte eigentlich etwas anderes hören. In diese Richtung geht sein Denken! Er ist wirklich ganz anders als ich."

Wenn diese Gedanken in Dir vor sich gehen, wird falsche Dynamik abgebaut. Denn Markus will Dich mit seiner Antwort ja nicht verletzen. – Außerdem verhinderst Du dadurch, daß Du Markus in Dein eigenes Gedankenschema pressen willst. Ihr beide solltet aber innerhalb Eurer Partnerschaft nicht beengt, sondern in eine größere Freiheit geführt werden. Das Ziel soll nicht Gleichheit, sondern Bereicherung sein.

Die Psyche der Frau ist vielschichtiger als die des Mannes. Das Denken des Mannes ist eher eingleisig. Er kann alles andere ausschalten und sich auf eine Sache konzentrieren, an deren Lösung er bis zur Erschöpfung arbeiten kann. Deshalb stammen die meisten Erfindungen von Männern.

Bei der Frau dagegen ist ihr ganzes Denken und Fühlen miteinander verflochten. Ihr beide seid darin Extreme. Du siehst die Blumenwiese mit seinen Augen, und er geht völlig in seiner Aufgabe auf und verwendet dabei über Stunden hinweg keinen einzigen Gedanken an Dich.

Dies ist für Dich gewiß verletzend. Denn in der Sprache Deines Frauseins heißt das, daß Du nicht wirklich in seinen Gedanken einen Platz hast. Du darfst mir wirklich glauben, daß das nicht der Fall ist.

Erwarte also nichts, wie Du es willst, wenn es bei ihm anders angelegt ist. Und vor allen Dingen mach ihm daraus keinen Vorwurf! Das wäre ungerecht und würde Euch auf Dauer entzweien. Doch etwas kannst Du, darfst Du und sollst Du auch tun. Erkläre ihm *Deine* Gefühle und *Dein* Denken. Sage ihm immer wieder, ohne ihm dabei Schuldgefühle zu machen, wie sehr er in Deiner Gedankenwelt einen Platz gefunden hat, ja wie sehr Dich stündlich und minütlich sein Ergehen bewegt und Deine Liebe zu ihm hinzieht.

Liebe ihn, wie er ist, und nicht, wie Du ihn haben willst! Dann ist Deine Liebe echt!

Herzlich

Deine Ruth

Von Stefanie an Markus

Unser Gefäß wächst

Liebes, mein Markus,

ich möchte hinabspringen in den Ozean Deiner Liebe. Auch bin ich gewiß, daß Du Deine Arme ausbreiten würdest, um mich aufzufangen. Doch ich fürchte, Deine Arme würden mich nicht tragen können. Und so müßtest Du durch mich und ich durch Dich zu Fall kommen. – Ich merke, unser Gefäß kann unsere Liebe noch nicht aushalten. Es würde bersten. Das Gefäß ginge in die Brüche, und unsere Liebe wäre verschüttet. Unsere körperliche Begegnung braucht das rauhe, starke Gefäß des Vertrauens und der Geborgenheit. Und dieses Gefäß ist gemauert aus den Steinen der Mißverständnisse und Enttäuschungen und aus dem Zement der Vergebung und der Treue – den Steinen der frohen gemeinsamen Erlebnisse und dem Eingehen auf die notvollen Begebenheiten des anderen. In der Fähigkeit, die wir entwickeln, dem anderen entgegenzugehen, wird dann die Tiefe unseres Erlebens in der Körperlichkeit sein. In mir ist diese Gewißheit. Deshalb will ich warten.

Wenn ich es nur immer könnte!

Nun haben wir das Fundament gebaut, und das Gefäß unserer Liebe wächst. Und doch drängt es danach, endlich gefüllt zu werden. – Wir würden es nie vollenden! – Der Rausch würde uns daran hindern. Und weder Gefäß noch Inhalt würden zu etwas nütze sein.

Hilf mir beim Bau, Geliebter! Es ist unser Gefäß, und wir bestimmen, wieviel es fassen wird.

Manchmal scheint mir alles viel zu beschwerlich. Manchmal habe ich Angst, Dich zu verlieren, weil die Arbeit der Liebe so viel Kraft kostet. Dann möchte ich haben, ohne dafür zu arbeiten, – besitzen, ohne zu bezahlen. Und doch weiß ich: Niemals könnte ich wirklich glücklich werden. Warten will wirklich gelernt sein.

Ich liebe Dich sehr!

Deine Stefanie

Tagebuch

Überraschend hatte ich einen Tag freibekommen, weil Schwester Helga seit heute wieder im Dienst ist. Da kam mir die wundervolle Idee, Markus mit einem Besuch zu überraschen. Ich wußte, daß er Vormittagsdienst hatte.

Als ich ankam, war er schon zurück in seinem Zimmer. Er freute sich wahnsinnig. Wir umarmten und küßten uns mit Wonne. Ich merkte, wie seine Hand langsam unter meinen Pullover glitt. Seine Hand auf meiner Haut! Es war ein unheimlich starkes Gefühl der Nähe und des Glücks. Und doch war da auch ein ganz lautes Signal der Warnung in mir, das mir ins Bewußtsein rief, daß mein Nachgeben unser ganzes Glück zerstören könnte.

Mit einem jähen Ruck riß ich mich los, lief aus dem Zimmer, rannte die Treppe hinunter ins Freie. Nach einer Weile des Rennens blieb ich stehen. Die kühle Luft strich mir um die nasse Stirn und meine aufgelösten Haare. Ich konnte wieder klare Gedanken fassen. Wovor war ich eigentlich davongelaufen? War ich altertümlich, unmodern, verklemmt? Je mehr ich aber über die Situation nachdachte, um so mehr wurde ich mit Dankbarkeit erfüllt, weggelaufen zu sein.

Langsam ging ich den Weg zum Wohnheim wieder zurück. Ich merkte, daß dieser „Überraschungsbesuch" uns mehr Schaden als Nutzen hätte bringen können.

Wir durften uns so unvorbereitet und so ungestört nicht noch einmal treffen. Die Versuchung war zu groß, sich näher zu kommen, als wir beide eigentlich wollten.

Als ich zurückkam, stand Markus an der Haustür und wartete auf mich. Den Rest des Nachmittags verbrachten wir ziemlich schweigsam, bis Markus mich dann wieder zum Zug brachte.

Ich habe nun auch daraus etwas gelernt. Wir müssen beide innerlich auf jedes Treffen vorbereitet sein, um von unseren Gefühlen nicht überrumpelt zu werden.

Von Markus an Stefanie

Meine liebe Stefanie,

es ist schon Abend. Du bist schon lange wieder fort. Ich denke über den heutigen Tag ergriffen nach. Daß Du mich hier besucht hast! Das war eine solche Überraschung und solch ein Glück. Ich habe nämlich trotz aller Freude an meiner Arbeit hier doch oft auch ein Gefühl der Verlassenheit. In solch einem Moment standest Du plötzlich vor mir. Ich hatte keine Zeit, um mich zu fassen, keine Zeit, meinen Gefühlen zu sagen, wie sie sich verhalten sollten. Die ganze Macht der Sehnsucht nach Geborgenheit und Zuwendung überrannte mich einfach. Ich weiß, daß ich Dich durch solche unkontrollierten Reaktionen mehr verlieren als gewinnen kann. Bitte verzeih mir!

Ich bin so froh, daß Du einen klaren Kopf behalten hast und „geflohen" bist. Es war das Beste, was Du für uns beide tun konntest. Ich danke Gott, daß er Dir die Kraft schenkte, damit wir beide vor einem weiteren falschen Schritt bewahrt geblieben sind. Anbei findest Du ein paar Zeilen, die Dir gewidmet sind. Ich liebe Dich mehr als je zuvor.

Dein Markus

Für Stefanie

An meine Rose

Du bist so schön.
Blatt um Blatt bestaune ich
und kann mich kaum satt sehen.
Ich sehe auf Deine Knospe.
War sie mir zuvor auch verschlossen,
so öffnet sie sich,
trinkt Licht.
Sie nimmt meine Liebe wahr.
Ich möchte sie brechen,
die Blüte an mich reißen und küssen.
Und doch würd' ich alles zerstören.
Nun wart' ich
und übe Geduld
und staune,
wie Blatt um Blatt
sich mir entfaltet.
Noch halte ich zitternd in Händen,
was mir bestimmt,
doch soll sie sich mir schenken,
wenn Stunde und Jahr vollendet
zu dem großen Tag,
da wir vor aller Welt
und mit Gott im Bunde bekennen:
Es werde.

Von Stefanie an Ruth Heil

Liebe Ruth,

wieder habe ich der Leidenschaft in mir nachgegeben. Ja, Leidenschaft ist der richtige Ausdruck. Ich tue etwas, das mir Leiden schafft, was ich nicht will und doch will. Meinen ganzen Willen setze ich dagegen in den Momenten, in denen ich keine Probleme damit habe. Und doch scheint mein ganzer Wille zerbrochen zu sein, wenn es mich überkommt. Meine Gedanken sind dann kaum abzubringen von dem einen Ziel, es zu tun. Es ist einfach unfaßbar, daß man so leidenschaftlich tut, was man eigentlich so leidenschaftlich lassen will.

Leidenschaft, – sie schafft wahrhaftig Leiden. Was mir zuvor als Stärke erschien, läßt mich ohne Selbstwertgefühl zurück. Ich fühle mich wie ein Versager. Dieser Punkt meines Lebens schafft mir wirklich viel Leid.

Warum dieses Mal? Ich meine, den Schlüssel zu kennen. Am Samstag hatte ich frei und fuhr zu einem Überraschungsbesuch zu Markus. Er freute sich wahnsinnig. Doch unsere Begrüßung wurde uns fast zum Fallstrick…

Wir waren allein im Haus. Ich lief dann einfach weg, aber meinen Gefühlen konnte ich nicht davonlaufen. Heute haben sie mich eingeholt.

Danke für Deine Begleitung auf diesem schweren Weg. Der Raum zwischen Vorsatz und Ziel wird immer kleiner. Ich bitte Gott von Herzen um Kraft.

Deine Stefanie

Von Ruth Heil an Stefanie

Mein liebes Kind,

danke für Deinen offenen Brief. Ich bin traurig, daß Ihr nun wieder einen Schritt in die falsche Richtung gegangen seid. Trotzdem war dieser Schritt das kleinere Übel von den Versuchungen, in denen Ihr gestanden habt.

In Eurem Fall war die Flucht das Beste, was Du tun konntest. Ich denke, Ihr habt etwas Neues gelernt: Die Freude, einander durch einen Besuch zu überraschen, ist zwar etwas Erfrischendes, Wunderschönes, aber sie birgt Gefahr in sich. Die *Gefahr* ist nämlich, in eine falsche Richtung zu *fahren*. Zumindest ein Partner geht unvorbereitet in diese Situation.

Es ist also besser, wenn Ihr Euch in Zukunft solche Überraschungen (Versuchungen) erspart.

Es grüßt Dich

Deine Ruth

Tagebuch

Folgen der Sehnsucht

Die Sehnsucht nach ihm führt mich durch sehr verschiedene Zeiten. Da sind Stunden, in denen ich vor Freude eine richtiggehende Arbeitswut entwickle und mit Begeisterung den Lernstoff in mich aufnehme. Zu anderen Zeiten wiederum fühle ich mich wie gelähmt, irgend etwas anzupacken. Manchmal habe ich Schuldgefühle über all das Glück, das ich erleben darf. Wenn ich die vielen Menschen auf der Station sehe, deren Leben ohne Hoffnung ist, die wissen, daß nur der Tod ihre Schmerzen auslöschen wird, dann ist mir ganz elend. So viele junge Menschen sind dabei, solche, die eigentlich ihr Leben noch vor sich haben. Herr D. ist erst 27 Jahre alt. Seine Leber ist durch seine ausgiebige Zecherei so zerstört, daß er auch mit Entzug nur noch einige Jahre zu leben hat. „Könnte ich doch noch einmal von vorne anfangen", klagte er dieser Tage! – Es gibt offensichtlich Dinge, die in unserer Hand liegen. Unsere Liebe scheint mir neu als ein Geschenk, und es liegt in meiner Hand, sie wachsen zu lassen oder zu zerstören. Bei dem jungen Mann wäre auch das Entsagen in früheren Zeiten eine Hilfe gewesen. Bei mir ist es ebenso das Aushalten der Spannungen, das uns allein zum Ziel bringt. Möge Gott mir Kraft geben, das Erkannte in die Tat umzusetzen.

Von Stefanie an Markus

Lieber Markus,

stell Dir vor, ich habe ein Mädchen hier im Haus kennengelernt, das es mit dem Glauben auch ganz ernst meint.

Ich freue mich unheimlich darüber! Wir wollen uns jetzt jede Woche einmal treffen, um in der Bibel zu lesen. Vielleicht finden sich noch ein paar dazu. Das wäre prima!

Anna ist in dem Kurs über mir. Sie hat mir inzwischen auch schon einiges erklärt, was ich in Chemie nicht ganz verstanden habe. Eigentlich machen mir alle Schulfächer ziemlich Spaß. Vor kurzem haben wir uns einen Film über Ungeziefer angeschaut. Da habe ich zum ersten Mal Läuse gesehen, so richtig auf dem Kopf eines Mädchens krabbelnd. Hinterher hat es uns alle auf dem Kopf gejuckt! Die Psyche ist schon eine unfaßbare Angelegenheit. Apropos Psyche: In Psychiatrie haben wir einen Professor, der mir selbst etwas gestört zu sein scheint. Oder ob das durch den Umgang mit diesen kranken Menschen kommt? Wir müssen uns oft beherrschen, um nicht über ihn zu lachen. Es ist einfach verrückt, denn ich will ihn wirklich ernst nehmen. Es ist wirklich schwer, weil er so lustig ist, ohne es zu merken. Neulich hatte er zwei verschiedene Schuhe an, allerdings von der gleichen Farbe. Im Grunde ist er aber sehr gescheit, das merkt man schon.

Obwohl er unbeholfen ist, hat er die große Gabe, Krankheitsbilder sehr anschaulich zu vermitteln. Er zeigt sehr deutlich auf, wie schwer es oft ist, die Grenze zwischen normal und gestört zu finden. Und er spricht immer wieder darüber, daß auch jeder von uns, bedingt durch Lebensumstände, einmal in solch eine Lage kommen kann. Jedenfalls nimmt er uns total die Überheblichkeit, die wir angeblich Gesunden den Kranken gegenüber empfinden.

Aber vorerst habe ich meinen Einsatz ja noch in der Chirurgie. Und da ist auch genug Leid anzutreffen. Gerade im Bereich der Unfallchirurgie wird bei uns eine Menge getan. Ich bin oft erschüttert, wie sich ein Leben plötzlich durch einen Unfall verändern kann. Gestern zeigte mir ein Mädchen das Foto ihres Freundes, der sie nicht mehr besucht, seit er weiß, daß sie nie wieder wird gehen können. Sie weinte herzzerreißend dabei.

Wie groß ist unsere Liebe zueinander? Könnten wir nach solch einem Unfall die Brücke wieder zueinander bauen?

Ich wünschte es. Doch ob ich es könnte? Ich bin dankbar, daß ich nicht vor die Entscheidung gestellt bin. Doch ich erkenne auch neu, daß das Gefühl „Liebe" nicht ausreicht, um ein Leben miteinander auszuhalten.

Ich bin so froh, Dich zu haben.

Herzlich

Deine Stefanie

Von Stefanie an Markus

Mein lieber Markus,

mit Manuela zusammen habe ich zur Zeit meinen Einsatz im Operationssaal. Das ist nicht immer ganz leicht. Am meisten erschüttert mich bei den Operationen das unkontrollierte Verhalten des Chefs, wenn nicht alles so läuft, wie er es sich vorstellt. Dann fängt er an, unheimlich laut zu werden. Er brachte es sogar schon fertig, Tupfer auf die Assistenzärzte zu werfen.

Ich versuche, mir seine Ehe vorzustellen. Ob er auf seine Frau ebenso aggressiv reagiert, wenn einmal etwas nicht so läuft, wie er es sich vorgestellt hat? Oder ob seine Frau ihn so unter Druck setzt, daß ihm nichts anderes übrigbleibt, als an anderer Stelle seine Launen auszulassen?

Apropos Launen: Mit Manuela zusammenzuarbeiten, ist auch kein reines Vergnügen. Eigentlich ist sie eher ein lustiger Typ, immer zu einem Spaß aufgelegt. Aber, wenn wir zusammensitzen, um Handschuhe zu pudern oder Binden zu wikkeln, ist sie mürrisch, ungehalten, ausgesprochen unfreundlich. Wenn ich sie darauf anspreche, sagt sie, ich solle sie bitte in Ruhe lassen. So sitzen wir oft schweigend beieinander und verrichten unsere Arbeit.

Dann lasse ich meine Gedanken zu Dir gehen und stelle mir vor, wir könnten nun für immer beieinander sein. Oder ich versuche zu erraten, was Du wohl gerade arbeitest.

Jedenfalls mag ich Dich sehr und bin froh, daß Du nicht so wortkarg bist!

Deine Stefanie

P.S.: Du hast für andere oft einen guten Rat. Kannst Du mir sagen, wie ich es schaffe, Manuela zum Sprechen zu bringen?

Von Markus an Stefanie

Liebe Stefanie,

den halben Tag mit einem schweigenden Gegenüber zu verbringen, ist gewiß nicht ganz einfach. Aber wenn Manuela sonst immer so gesprächig, jetzt so verschlossen ist, hat sie möglicherweise ein tiefsitzendes Problem, das sie niemandem anvertrauen will, mit dem sie aber allein auch nicht fertig wird. Deshalb nützt es nichts, wenn Du versuchst, in sie zu dringen.

Begrüße sie lieb am Morgen und laß die negative Atmosphäre nicht auf Dich übergreifen. Umgib sie mit lieben Gedanken. Und bitte Jesus darum, daß sie den Menschen findet, dem sie sich anvertrauen kann.

Auch bei uns auf der Station merkt man ganz deutlich die Stimmungen, die die einzelnen am Morgen mitbringen, ganz besonders nach dem Wochenende. Es wird nicht nur in den Betten der Patienten gelitten, sondern auch in den Familien des Pflegepersonals und bei denen, die auf sich gestellt sind. Eigentlich bräuchte man für die kranken Menschen lauter ausgeglichene Persönlichkeiten, aber wie soll das möglich sein? Ich bin auch nicht jeden Tag der gleiche.

Sei lieb gegrüßt für heute.

Dein Markus

Tagebuch

Ich habe mit Anna gesprochen, und wir haben für Manuela gebetet. Sie hat wirklich Probleme.

Nun ist mir alles klar! Sie erwartet ein Baby. Und das ist vielleicht nicht einmal das Schlimmste! Schlimmer ist, daß sie nicht weiß, von wem!

Anna hatte heute ihren freien Tag. Schon am Morgen stürzte Manuela zu ihr ins Zimmer. „Anna“, rief sie schluchzend, „ich habe es die ganze Zeit vermutet, aber heute morgen hat es sich bestätigt: Ich bin schwanger.“

Anna versuchte, sie zu trösten, doch Manuela hörte gar nicht zu. Sie redete einfach weiter: „Wenn ich wenigstens wüßte, vom wem!“ Sie war außer sich vor Schmerz.

Anna hatte sonst auch kaum Kontakt zu Manuela gehabt. Aber in dieser Sache hatte Manuela nun Mut, sich ihr anzuvertrauen. Sie gab Anna sämtliche Namen, Adressen und Arbeitsstellen der in Frage kommenden Liebhaber. Und Anna suchte Geschäfte und Baustellen auf, um einem jeden zu erzählen, daß Manuela schwanger sei. „Zum Teil lachten sie mich einfach aus“, erzählte mir Anna. Einer meinte zu meinem Anliegen: „Manuela im Bett, das ist ein klasse Ding. Aber Manuela heiraten? Du spinnst wohl!“

Als Anna Manuela berichtete, reagierte sie sehr müde und resigniert: „Ich dachte es mir schon. Zum Vergnügen war ich ihnen gut genug. Und jetzt?“

Mir wird klar, in welcher Gefahr sich ein Mädchen befindet, das auf der Suche nach dem Glück ist. Ihre Liebe wird immer neu enttäuscht. Die Sehnsucht nach Geborgenheit treibt sie in immer neue Abenteuer, und die Enttäuschung wird immer größer.

„Ein Mädchen, das seine körperlichen Schranken durchbrochen hat, sehnt sich immer stärker nach der körperlichen

Nähe des anderen. Da es ganzheitlich ist in seinem Empfinden, gibt es sich stets ganz hin. Um so tiefer ist danach auch der Schmerz des Verlustes, wenn es entdeckt, daß es der andere nicht ernst gemeint hat." Ich habe versucht wiederzugeben, was Ruth mir vor einiger Zeit in einem Gespräch erklärt hat.

Deshalb kann ich Manuela eigentlich ganz gut verstehen und verurteile sie darin nicht. Wenn ich ihr nur helfen könnte!

Tagebuch

Die ganze Sache mit Manuela beschäftigt mich sehr stark. Mir wird klar, daß wir als Mädchen in einer Freundschaft viel stärker die Verantwortung übernehmen müssen. Denn wir tragen in erster Linie die Folgen einer möglichen Schwangerschaft. Deshalb ist es auch an uns, die Grenzen zu ziehen.

Manuela wird den Bauch herumtragen müssen. Sie wird das Kind zur Welt bringen, sie wird Erklärungen abgeben und dieses Kind großziehen müssen. Und auch sie ist es, die ihrem Kind einmal erklären muß, warum es keinen Vater hat. Und, falls sie sich dazu entschließt abzutreiben, wird sie zeitlebens einen Mord auf dem Gewissen haben. Ich habe in der Bekanntschaft eine Frau erlebt, die heute, nach zehn Jahren, immer noch unter dem damaligen Abbruch leidet. Für mich ist Abtreibung keine Lösung! Seit wir in Gynäkologie die Anfänge des Lebens gesehen haben, ist mir klar, daß wir von der Zeugung an Mensch sind. Wenn sich Samenzelle und Eizelle vereint haben, steht fest, wer wir einmal sein werden, groß oder klein, dunkelhaarig oder blond, Mädchen oder Junge.

Dieser Film über das Werden des Menschen hat mich tief beeindruckt. Wenn meine Mutter kein Ja zu meinem Dasein gesagt hätte, würde ich heute nicht leben! Wie danke ich ihr, daß ich leben darf!

Aber zurück zu Manuela. Es ist schon eigenartig, daß sie sich ausgerechnet an Anna wandte. Ansonsten machte sie sich über unseren Glauben immer lustig.

Wie sehr hoffe ich, daß sie durch diese Not zu Jesus Christus findet.

Von Stefanie an Ruth Heil

Liebe Ruth,

am Beispiel von Manuela, ich erzählte Dir neulich von ihr, wird mir so richtig bewußt, daß Liebe ohne Treue über kurz oder lang immer zur Katastrophe führen muß. Nun beschäftigen mich aber zwei Fragen: Wenn die körperliche Vereinigung mit der Zeit für den Jungen den Reiz verliert, so möchte ich wissen, warum dies in der Ehe dann nicht der Fall sein soll. Der verheiratete Mann hat ja normalerweise immer die gleiche Frau um sich.

Und die andere Frage: Warum gibt sich das Mädchen, das einmal begonnen hat, sich einem Jungen hinzugeben, dann immer neuen Männern hin? Dabei sollte doch die Erfahrung ihm zeigen, daß es oft nur ausgenutzt wird.

Werde ich meinem Markus später möglicherweise auch langweilig werden? Und kann ich das verhindern? Habe ich jetzt schon Möglichkeiten, an der Zukunft zu arbeiten?

Ich erwarte Deinen Brief voller Spannung.

Deine Stefanie

Von Ruth Heil an Stefanie

Liebe Stefanie,

Sexualität kommt mir manchmal wie ein schönes Aquarell vor. Da hat Gott ein Bild gemalt, was einmal aus uns werden soll. Aber wir selbst finden dieses Bild nicht besonders wertvoll. Wir setzen es der Witterung und dem Regen aus, und es kümmert uns wenig, daß es immer mehr verblaßt.

Erstaunt und traurig stellt man eines Tages fest, daß es gar nicht mehr zu erkennen ist, daß es allen Wert verloren hat. Man möchte alles rückgängig machen, und doch gibt es keinen Weg zurück.

Sexualität braucht einen schützenden Rahmen. Sie braucht ein Glas, das das Bild bewahrt. Ich möchte mit diesem Rahmen die Ehe bezeichnen und mit dem Glas die Arbeit an der Ehe. Auch Ehe ist zerbrechlich. Diese Entscheidung zur Ehe ist nicht die Versicherung, daß nun alles problemlos sein wird. Aber es ist dennoch die Entscheidung für einen Menschen – der Wille, mit ihm Freud und Leid zu teilen. Das Glas ist zerbrechlich und muß vorsichtig behandelt werden. Die Behandlungsmethode heißt Rücksichtnahme, Respekt und Achtung voreinander, Toleranz, Stehenlassen der Meinung des anderen. Wer den Partner ständig bevormunden will, indem er seinen Willen durchsetzt, wirkt mit, daß das Glas bald zu Bruch geht.

Diese Punkte sollten eigentlich schon vor der Ehe gelernt und eingeübt werden.

Liebe ist also nichts Unbewegliches, Starres, das einfach in sich ruht. Liebe heißt: in Bewegung bleiben, offen werden für die Not des anderen, sensibel sein für seine Wünsche. Wahre Liebe beinhaltet harte Arbeit an uns selbst, um dem anderen ein wirkliches Du zu werden. Wer diese Arbeit nicht leisten will, sollte erst gar nicht heiraten.

Sexualität allein, nur um des Vergnügens willen, aber heißt: Ausnutzung. Es meint: Ich will nur deinen Körper. Ich will nur Vergnügen, aber dich selbst will ich nicht. Meine Befriedigung steht im Vordergrund. Dabei bin ich auch bereit zu geben, aber nur soviel wie unbedingt nötig, um selbst etwas zu bekommen. Ob Du selbst heraushörst, Stefanie, was die Antwort ist?

Die Scheu vor körperlicher Begegnung ist bei jedem Mädchen zunächst normal. Meist ist der Junge der Bedrängende. Hat er schließlich sein Ziel erreicht, wird damit das Mädchen nicht wertvoller, sondern es verliert eher an Wert. Er muß nicht mehr um dieses Mädchen kämpfen, sondern erlebt, daß es anfängt, ihm nachzulaufen, von ihm abhängig zu werden. Das wird ihm lästig. Er versucht, es loszuwerden.

Die Abhängigkeit des Mädchens hängt gewiß damit zusammen, daß eine Frau ganzheitlich empfindet. So gibt sie sich auch bei der körperlichen Begegnung ganz hin. Um so tiefer erlebt sie die Enttäuschung, fallengelassen zu werden.

Ein durch den Jungen gewecktes Gefühl nach Zärtlichkeit, verbunden mit dem starken Wunsch nach körperlicher Nähe, bleibt in ihr zurück. Meist geht das Mädchen deshalb sehr bald eine neue Freundschaft ein, bei der die körperliche Scheu schneller abgebaut wird als beim ersten Mal. Bei jedem weiteren Partnerwechsel fällt dann die Schranke der körperlichen Begegnung schneller, bis keinerlei Scheu mehr dabei empfunden wird.

Was innerhalb einer Ehe zum Geschenk des Miteinanderseins wachsen kann, verliert, losgelöst von seiner eigentlichen Bestimmung, immer mehr an Wert. Du fragst Dich vielleicht manchmal, ob ein Zusammenleben ohne Trauschein doch sinnvoll sein könnte. Da lebt man eben nicht nur zum Vergnügen beieinander. Man ist bereit, Verantwortung füreinander zu übernehmen. Toleranz ist sogar sehr groß geschrieben. Einbezogen ist möglicherweise sogar die Ausschließlichkeit des Partners. Dadurch, daß man keinen Trauschein hat, muß man ja nicht ein schlechteres Paar sein. Möglicherweise ist man sogar ein besseres, weil man sich noch mehr anstrengen muß, um den anderen nicht zu verlieren.

Aber gerade dies ist der springende Punkt. Im 1. Korintherbrief 13 heißt es über das Thema Liebe: „Sie glaubt alles, sie hofft alles ... sie sucht nicht das Ihre, sie rechnet das Böse nicht zu."

Eine Ehe ohne Trauschein sagt: Wir bleiben zusammen nur solange wir uns verstehen, nur solange es gut geht. Man rechnet mit seinen eigenen menschlichen Schwächen. Eigentlich sehr realistisch. Doch in der Bibel steht geschrieben: „Liebe ist stark wie der Tod" (Hoheslied 8,6). Das heißt: Ich kann nicht ausprobieren, ob sie „funktioniert", genauso wenig wie ich den Tod ausprobieren kann. Er ist endgültig.

Liebe hofft alles, im Vertrauen auf Gottes Zusage, daß er dem gibt, der da bittet.

„... In Freud und Leid, bis Gott durch den Tod euch scheide..." lautet das Versprechen am Traualtar. Das bedeutet: Auch wenn ich zu manchen Zeiten meiner Ehe nichts für den anderen empfinden werde, wenn der andere mich manchmal tief verletzen wird, wenn Krankheit den anderen am Körper oder in seinem Denken entstellt, die Liebe bleibt. Das heißt konkret: Mein Ja zum Ehepartner bleibt.

Ich habe vor einiger Zeit einen sehr gebildeten Mann kennengelernt, der schon vieles geleistet hat. Als er mir seine Frau vorstellte, erschrak ich. Sie war klein, es fehlten ihr fast alle Haare. Zudem war sie durch einen zerebralen Abbau unfähig, ein richtiges Gespräch zu führen. Dieser Mann stellte mir seine Frau so liebevoll vor, daß man darin seine ganze Zuneigung zu ihr lesen konnte. Das ist Liebe!

Aber Deine zweite Frage war ja eine ganz andere. Du wolltest wissen, ob Du für Deinen Markus später auch einmal langweilig werden wirst.

Liebe Stefanie, dies hängt von Dir ab und von der Arbeit, die Ihr miteinander leistet. Wer liebt, hat Zeit. Wer liebt, teilt seine Empfindungen mit. All das kostet Zeit. Je mehr Zeit Ihr miteinander verbringen werdet, um so besser werdet Ihr Euch kennenlernen.

Es wird Stunden in Eurer Ehe geben, in denen Ihr Eure Zeit mit anderen Dingen füllen wollt, in denen Ihr zu müde seid, um Euch mit den Problemen des Partners beschäftigen zu wollen.

Meistens sucht der Mann nach einem anstrengenden Arbeitstag noch mehr die Ruhe als die Frau, der es normalerweise leichter fällt, sich mitzuteilen. Es nützt da nichts, dem Mann vorwurfsvoll zu grollen. Da ist harte Arbeit nötig, um nicht in Selbstmitleid zu verfallen, man muß statt dessen versuchen, ihn mit Weisheit und Gefühl von seiner Arbeit wegzulocken.

Langweilig wird es werden –, und wirst Du ihm werden – wenn Du Dich nur noch im Alltag drehst, abgeschieden von der Welt. Sorge dafür, daß sich Deine eigene Persönlichkeit weiterentwickelt! Halte Augen und Ohren offen für Entwicklungen (ich meine nicht den Tratsch der Nachbarschaft), und bleibe beweglich, indem Du Neues dazu lernst, sei es eine Sprache, ein Musikinstrument etc...

Dies ist ein Lernprozeß, den Du jetzt schon einüben kannst. Dazu gehört, daß Du Dich nicht den ganzen Abend über den Tag ärgerst, der nicht wie geplant abgelaufen ist. Es ist gut, über Dinge nachzudenken und dadurch vielleicht auch Lösungen zu finden, die eine ähnliche Situation in Zukunft vermeidbar machen.

Doch bleibe nicht in Deinem Ärger! Zünde Dir beispielsweise eine Kerze an oder lies ein Gedicht, das Deine Gefühle ausdrückt! Oder nimm Dir ein Buch vor, das Du schon lange lesen wolltest! Du kannst auch an Deinem Pullover arbeiten. Nur schenke den negativen Gefühlen nicht so viel Raum in Dir!

Mir selbst ist es immer ein großer Gewinn, all meine Last vor Gott auszubreiten und ihn um Bearbeitung zu bitten. Das befreit.

Dies ist ein langer Brief, und ich denke, Du hast wieder genug Material zum Nachdenken.

Sei lieb gegrüßt von

Deiner Ruth

Stille Zeit

„Der ist wie ein Baum, gepflanzt an den Wasserbächen" (Psalm 1,3).

Dieser Vers aus Psalm 1 geht mir heute nach. Gepflanzt wie ein Baum! Nicht wie ein Bäumlein, geknickt von jedem stärkeren Windstoß, bei jeder Dürreperiode vom Eingehen bedroht. Bis es ein Baum wird, braucht es viele Jahre Frost und Hitze. Jede Dürre treibt es dazu, die Wurzeln mehr in die Tiefe auszustrecken. Die Wartezeit der Verlobung, gegründet an den Wasserbächen Gottes, läßt mich staunen über das Wachstum in meinem Leben. Ich lese den ganzen Psalm. Er beginnt: „Wohl dem, der nicht wandelt im Rat der Gottlosen." Seltsam, wie alles zusammenwirkt. – „Du bist wirklich hoffnungslos altmodisch mit deinen Ansichten", äußerte eine Bekannte vor kurzem bei unserem Gespräch über den Sinn der Verlobung. „Für mich ist es Reifezeit", sagte ich. Sie lachte darüber und meinte: „Für mich heißt das: endlich zusammenleben zu können, ohne daß einige Leute die Nase rümpfen."

Nein, besser als die anderen fühle ich mich nicht. Dennoch habe ich etwas Besseres: die Gewißheit, ein Kind Gottes zu sein. Und noch etwas wird mir klar: Altmodisch sein heißt *nicht:* falsch sein; modern sein heißt *nicht:* richtig sein.

Im Grunde geht es weder um altmodisch noch um modern, sondern darum, ob ich bereit bin, Gottes Maßstäbe anzuerkennen oder nicht. Ich jedenfalls will es.

Von Stefanie an Ruth Heil

Liebe Ruth,

wird es nicht zum Krampf – unser Kampf –, wenn wir uns einander ständig vorenthalten? Ich spüre, welchen Kampf es Markus kostet, so lange zu warten. Bin ich, als seine Braut, nicht verpflichtet, mich ihm hinzugeben? Besteht nicht die Gefahr, daß er sich eine zusätzliche Freundin sucht, weil er den sexuellen Druck nicht aushalten kann? Und ich könnte ihm nicht einmal einen Vorwurf daraus machen, obwohl mich der Gedanke natürlich tief betrübt.

Unser Kampf ist so aussichtslos und so unabsehbar. Bitte antworte bald. Ich bin müde vom Kämpfen.

Deine Stefanie

Von Ruth Heil an Stefanie

Liebe Stefanie,

Kämpfen kostet Kraft! Wie gut verstehe ich Dich! Denkst Du nicht auch, daß ein Marathonläufer manchmal seinen Lauf beenden will, weil er furchtbar erschöpft ist? Der Einsatz ist kräfteraubend, aber der Sportler weiß, daß er für eine Medaille kämpft. Er will sich selbst beweisen, daß er sich bezwingen kann.

Bei Euch geht es um mehr als um eine Medaille. Es geht um Eure gemeinsame Zukunft, um ein Leben, das aus vielen Jahrzehnten, sehr vielen Jahren und Tausenden von einzelnen Tagen bestehen wird. Dies ist Eure Einübung für diese Zeit, die Euch gelegentlich auch an die Grenzen Eurer Kraft führen wird. Wollt Ihr jetzt so einfach aufgeben, weil Ihr Eure Grenzen fühlt? Jetzt fängt das Training erst an. Bisher war es glückliche Spielerei. Nun aber übt Ihr für den Ernstfall: die Belastungsprobe des Lebens.

Und noch etwas. Du bist fähig, Deinen Markus zu einem richtigen Mann zu machen, indem Du mit ihm wartest. Und im tiefsten Grunde erwartet er dies auch von Dir. Du tust ihm und Dir nichts Gutes, wenn Du Dich jetzt hingibst. Je stärker Markus Dich bedrängt, desto mehr hofft er auf Deinen Widerstand. Ja, im Grunde ist er sehr stolz auf Dich. Ich erlebe immer wieder enttäuschte Mädchen, die sich auf Drängen des Jungen hingaben und danach schlimme Demütigungen erfuhren – oft, daß sich der Junge mit der Zeit einem anderen Mädchen zuwandte, das ihm attraktiver erschien …, und dies, obwohl mit dem ersten Mädchen eine ganz offizielle Verlobung stattgefunden hatte. Welch ein furchtbarer Schmerz für jenes erste Mädchen, das sich aus Liebe ihrem Verlobten hingegeben hatte! Die Hochzeitsanzeige mit der anderen in der Zeitung stürzte es in eine tiefe Depression.

Ich will Dir in diesem Brief nicht drohen. Doch ich will Dich diese Dinge wissen lassen, bevor Du Dich in ein Abenteuer stürzt, dessen Ausgang das Ende Eurer Liebe sein könnte.

Wenn Dein Markus nicht lernt, den Kampf zu bestehen, wie kannst Du dann wissen, ob er Dir vielleicht nicht später untreu wird, nur weil Du gerade z.B. für ein paar Wochen in Kur mußt. Hilf ihm, ein ganzer Mann zu werden, und sei Du die Frau, die das Beste für ihn will, das Beste! Geh tapfer weiter! Gott ist mit Dir!

Herzlich

Deine Ruth

Von Stefanie an Markus

Herbst

Lieber Markus,

wieder ist es Herbst geworden. Ein kalter Wind fegt ums Haus, und der Ahorn vor meinem Fenster versucht mit letzter Kraft, noch ein wenig von seinem prächtigen Kleid zu retten, das ihm der Herbst zuerst angezogen hat und nun entreißen will.

Achtzehn Monate sind vergangen, seit Du mir den Ring an den Finger stecktest. Denke ich darüber nach, so scheint mir, daß seitdem die Tage wie im Fluge vergangen sind. Daß wir uns nun schon seit Monaten nur noch alle vierzehn Tage sehen, hilft uns wohl, unseren Kampf besser auszufechten. Doch gelegentlich scheint er mir um so heftiger zu sein.

Jetzt, da die Tage kürzer werden und die Nächte mir so dunkel erscheinen, fällt manchmal Resignation auf mich wie ein Schatten, der mich verfolgt. Ich muß mich gelegentlich beim Aufstehen schon davon frei schütteln. Wie viele Menschen vor uns mußten diesen Kampf bestehen, und zum Teil sicher unter viel schwereren Bedingungen, z.B. Krieg, schwere Krankheit ... Obwohl ich mir dies alles vor Augen halte, will ich manchmal aufgeben. Es ist so schwer auszuhalten. Liebst Du mich noch so richtig wie am Anfang? Oder bist Du meiner müde geworden?

Bitte hilf mir weiterzumachen!

Deine Stefanie

Von Markus an Stefanie

Du Mädchen meines Herzens,

wie kannst Du an meiner Liebe zweifeln? Ob ich Dich noch so liebe wie am Anfang? Oh, nein! Jeden Tag gewinne ich Dich lieber. Und dabei meine ich täglich, es könne gar keine Steigerung mehr geben!

Doch der Gedanke an die Wartezeit bedrückt mich sehr, zumal ich keine Lösung weiß.

Vor einigen Tagen las ich mal wieder die Jakobsgeschichte durch. Sieben Jahre lang diente er bei seinem Onkel Laban, um Rahel heiraten zu dürfen. Sieben Jahre! Fast unvorstellbar! Und dann steht da in 1. Mose 29,20: „Es erschienen ihm die Jahre wie einzelne Tage, so lieb hatte er sie!" Als endlich die Zeit vorüber war, betrog ihn Laban noch damit, daß er ihm in der Hochzeitsnacht die Schwester Rahels unterschob! Und wieder diente er sieben Jahre! Unfaßbar! Dennoch ging auch diese Zeit vorüber. Und dies tat seiner Liebe ganz offensichtlich keinen Abbruch!

Wenn Jakob das schaffte, will ich es auch. Denn Jakobs Gott ist auch der meine. Trotzdem denke ich, wir sollten uns mit den Eltern nach Weihnachten zusammensetzen und nach einer Lösung suchen. Denn meine Ersatzdienstzeit geht zu Ende, und dann wird auch die Hälfte Deiner Ausbildungszeit vorbei sein.

– Meine liebe „Rahel"! Und sollten es sieben Jahre sein, ich will nur Dich, Dich ganz allein!

In Liebe

Dein Markus

Von Stefanie und Markus an Ruth Heil

Liebe Ruth,

nun wollen wir Dir wieder einmal schreiben. Gleich zu Anfang möchten wir Dir sagen, daß der Brief für Dich enttäuschend sein wird. Stell Dich also gleich darauf ein!

Unsere Freundschaft wächst, aber genauso wächst der Wunsch, miteinander zu schlafen.

Ruth, wir beide wollen vor der Ehe nicht miteinander schlafen, weil wir wissen, daß Gott es nicht will. Aber warum läßt man uns nicht heiraten?

Unsere Ehe hängt nur von ein paar Stücken Papier und Geld ab. Wir können nur wegen des Geldes nicht heiraten. Wir verstehen das nicht. Wir sind echt verzweifelt. Manchmal denken wir, jetzt überschreiten wir alle Grenzen und schlafen miteinander. Das einzige, was uns zurückhält, ist Gott.

Markus streichelt auch meine Brust. Was mich erschreckte, war: Wir taten es ohne schlechtes Gewissen, und wir verdrängten es auch nicht. Aber wir beschlossen, es nicht wieder zu tun, weil wir dann doch schließlich miteinander schlafen würden. Was wir einfach nicht verstehen: Warum dürfen wir nicht miteinander schlafen, wo wir doch nur des Geldes wegen nicht heiraten können?

In Deinem letzten Brief schriebst Du: „Wer tief liebt, verweigert sich dem anderen und verführt ihn nicht." Liebe Ruth, wir lieben uns genauso, auch wenn dieser große Wunsch da ist.

Liebe Grüße

Stefanie und Markus

Von Ruth Heil an Markus und Stefanie

Meine lieben Kinder,

darf ich so schreiben? Nicht, weil Ihr Kinder wärt, sondern weil ich mit Euch leide, wie es eine Mutter empfindet. Wenn Ihr wüßtet, wie ich mit Euch fühle! In den fast zwei Jahren unserer Verlobungszeit habe ich Hans-Joachim das erste Mal weinen sehen. Er war einfach darüber verzweifelt, daß uns niemand verstand. Manchmal hatte ich Angst, an diesem inneren Druck Schaden zu nehmen. Mir war unfaßbar, mit welcher Gleichgültigkeit jeder den Hochzeitstermin auf das Ende unserer Ausbildungszeit festsetzte – und wir dabei fast zugrunde zu gehen meinten.

Ich möchte diese Zeit der Liebe mit dem Schmerz einer schweren Krankheit vergleichen, die es auszuhalten gilt, um eine heile Ehe zu bekommen. Ich weiß, daß dieser Schmerz des Sich-nicht-schenken-Dürfens ungeheuere Kraft kostet. Und Ihr wollt ihn aushalten! Oh, ich danke Gott dafür, daß es solche Menschen wie Euch gibt! Gebt nicht auf! Ich bin stolz auf Euch! Nein, Ihr werdet daran nicht zerbrechen. Aber Euer Leben wird Zeugnischarakter haben in einer Welt, in der jeder den leichtesten Weg geht.

Ich bin froh, daß Ihr Euch so sehr liebt. Doch schafft mehr Raum zwischen Euch. Seht Euch seltener und schreibt Euch dafür öfters.

Wenn Ihr jetzt Eurem inneren Drängen nachgebt, tragt Ihr eine Menge Konfliktstoff in Eure spätere Ehe. Mit spätestens 30 Jahren entwickelt sich oft bei der Frau das Gefühl, zu wenig Freiheit zu haben. Beim Mann entsteht das Bedürfnis, seine Jugend nachholen zu wollen, die er versäumt zu haben meint. Das führt in häufigen Fällen zu Untreue.

Jetzt baut Ihr Euer Gefäß! Jetzt! Baut es stabil, damit es etwas aushalten wird.

Wenn Ihr die Kraft der Sexualität mit Gottes Hilfe in rechte Bahnen lenken könnt, wieviel mehr wird Eure Ehe dann aushalten! Und welche Argumente wollt Ihr Euren Kindern einst geben, wenn diese mit ihren Freunden schlafen wollen, falls sie Euch fragen, wie das bei Euch damals war.

Schwimmt gegen den Strom! Ihr werdet am Warten nicht zugrunde gehen, wohl aber an Wegen, die Ihr selbst wählt. Wenn Gott die Zeit der Probe als vollendet ansieht, wird niemand mehr nein sagen können.

Jetzt im Januar war unser Hochzeitstag. Wir heirateten mitten im Winter, als wir nämlich das Ja beider Elternpaare hatten. Heute bereue ich keinen Tag dieser schwer erkämpften Verlobungszeit, die mir in ihrer Länge vorkam wie einzelne Stunden, die mich in die Knie zwingen wollten.

Ich segne Euch im Namen Jesu. Danke für Eure Offenheit und den Mut, diese Berührungen wieder zu lassen. Stefanie, Du setzt die Grenze! Markus, Du bist verantwortlich für diese Blume! Betet um Gottes Zeitpunkt! … Der wird Euch geben, was Euer Herz wünscht! … Nur, nehmt nicht vorweg, was Ihr noch braucht, um zur Reife zu kommen. Nehmt nichts vorweg, nur weil Eure Gefühle Euch dahin treiben! Werdet Herr Eurer Gefühle! Stärkt Euren Willen zur Reinheit!

Ich bete von Herzen, daß Ihr ein Licht seid, – der Dunkelheit zum Trotz!

Eure Ruth

Tagebuch

Weihnachten

Wir haben beide freibekommen! Was für eine Freude! Und es war nicht die einzige!

An Weihnachten wurde mir neu bewußt, wer Jesus ist! *Er* ist in die Welt gekommen, um uns zu erretten. Und er wählte dabei den schweren Weg der Armut, des Ausgestoßenseins, des Unverstandenseins. Er ging den Weg des Gehorsams zu seinem Vater, bis hin zum Tod am Kreuz. Aber er kam nicht nur für die gesamte Menschheit, sondern auch ganz persönlich für jeden einzelnen. Er wäre gekommen, wenn nur ich allein in dieser Welt gelebt hätte. Und seine Liebe gilt mir so ungeteilt, als gäbe es nur mich. Dies habe ich neu begriffen.

Er wußte schon im voraus, wie lange unsere Liebe zur Reife brauchte! Er wußte, wie lange wir durchhalten könnten! Er weiß um unser Maß an Kraft!

Das Gespräch mit den Eltern hat stattgefunden. Wir haben uns einfach alle zusammengesetzt und alle Für und Wider einer Hochzeit durchgesprochen. Und dann sprach meine Mutter das erlösende Wort: „Warum sollen sie nicht heiraten? Andere leben und schlafen zusammen ohne Trauschein. Und die beiden kämpfen ehrlich."

„Bei uns im Haus steht schon lange ein Zimmer leer. Wenn Markus und Stefanie dann gemeinsam frei haben, können sie wenigstens die ganze Zeit zusammensein. Finanziell macht es keinen Unterschied zu vorher, wenn sie nun verheiratet sind, denn Stefanie will ihre Ausbildung zu Ende machen, und Markus wird mit dem Studium beginnen."

Mutter ging sogar noch einen Schritt weiter. Sie sagte: „Und wenn sie ein Kind bekommen, werde ich es nehmen, bis Stefanie fertig sein wird." Niemand hatte weitere Einwände.

Wir freuten uns so sehr, daß wir die Eltern umarmten und anschließend einen Freudentanz durchs Haus begingen. Zum Glück wohnt niemand unter uns! Ich erkannte meinen ruhigen Markus kaum wieder. Er wirbelte mich durch die Luft, daß mir fast die Puste ausging.

Am liebsten wäre er gleich zum Standesamt gefahren, um das Aufgebot zu bestellen. Doch es war ja Feiertag. Den Hochzeitstag haben wir auf den 20. Februar gelegt. Nun müssen wir sehen, daß ich frei bekomme. Markus wird bis dahin mit der Krankenhauszeit fertig sein.

Ich bin unendlich froh! Trotzdem ist der Gedanke zu heiraten eigenartig.

Von Stefanie an Ruth Heil

Liebe Ruth,

wir lagen nach dem Mittagessen auf Markus' Couch. Ich weiß, daß das gegen unsere Abmachung ist, aber es sind ja nur noch wenige Wochen bis zu unserer Hochzeit.

Und wir waren beide angezogen und hatten uns auch nicht zugedeckt. Ich dachte, jetzt, wo wir so nahe am Ziel sind, dürfen wir doch ein wenig mehr, als sonst „erlaubt" ist. Wir sind ja schon bald verheiratet, und man muß ja schließlich nichts übertreiben. Doch dann küßte Markus mich stürmisch und lag plötzlich einen Moment auf mir. Ich kann nicht recht sagen, welche Gefühle in mir aufwachten. Es war Sehnsucht, Verlangen, Verzweiflung und Traurigkeit auf einmal.

Ich stand dann auf, doch mein Körper bebte, mein Inneres war total durcheinander.

In diesem Moment erahnte ich noch etwas mehr von der Kraft der Sexualität. Ich freue mich so sehr auf unsere Hochzeit, aber irgendwie fürchte ich mich auch davor. Werde ich dann all die Blockaden und Barrieren, die wir in diesen vielen Monaten als Schutzmechanismen aufgebaut haben, fallenlassen können? Ich bin so verwirrt, aber auch so glücklich, so unschlüssig, aber auch so voller Tatendrang.

Bitte, Ruth, hilf mir!

Deine Stefanie

Von Ruth Heil an Stefanie

Meine liebe Stefanie,

Dein Brief hat mich traurig gemacht. Wollt Ihr all das, was Ihr in fast zwei Jahren erkämpft habt, am Schluß zunichte machen? Immer noch seid Ihr verlobt. Immer noch gelten Eure Regeln. Ihr habt Euch ein gutes Ziel gesteckt. Wenn Ihr es erreichen wollt, müßt Ihr bis zum Ende durchhalten. Es ist wie bei einem Wettkampf: Der Endspurt ist entscheidend. Wer am Ende aufgibt, gewinnt keinen Preis. Der gute Start genügt nicht. Das, was Euch wichtig ist, muß Euch bis zum Ende wichtig bleiben.

Und nun schreibe ich Dir etwas sehr Wichtiges, was Du selbst erkannt hast: Das Mädchen bestimmt, wie weit ein Junge geht. Er wird niemals weitergehen, als ein Mädchen das zuläßt. Deshalb ist es an Dir – an Dir allein –, die Grenze zu ziehen! Wenn Du das nicht tust, bist Du es nicht wert, eine Braut zu sein. Meine liebe Stefanie, ich schreibe Dir so hart, weil ich Euch liebe. Ihr sollt einmal keine Durchschnittsehe führen. Ich will, daß Ihr glücklich werdet, ein ganzes Leben lang. Dazu legt Ihr jetzt die Grundsteine.

Ob in Eurer Ehe dann die Schutzmechanismen fallen werden? Hab davor keine Angst! Eure erste Begegnung wird gewiß nicht denselben Charakter haben wie bei Leuten, die alles kennen und alles wissen. Doch Ihr werdet viele Jahre vor Euch haben, in denen Ihr Euch immer wieder neu und froh „entdeckt" und kennenlernt in der Sprache, die Eure Körper miteinander sprechen lernen werden.

Habt Mut, bis zum Schluß zu warten, und nehmt Euch nicht das Schönste vorweg. Wo wolltet Ihr Euch begegnen, ohne die Angst zu haben, entdeckt zu werden? Welche Verhütungsmittel wolltet Ihr benutzen, – und wenn jetzt ein Kind entstehen würde, könnte es sich nicht einmal heimlich fragen, ob es nicht der Anlaß Eurer Hochzeit war? Was wollt Ihr Euren Kindern einmal sagen, wenn sie Euch fragen, ob Ihr bis zur Hochzeit gewartet habt, wenn sie selbst nicht warten wollen?

Für alles Weitere mache ich Dich verantwortlich! Halte mich auf dem laufenden. Ich ringe um Euch!

In Liebe

Deine Ruth

Von Markus an Stefanie

Meine liebe Stefanie,

es ist einfach nicht zu fassen! Wir werden heiraten! Das Aufgebot habe ich schon bestellt. Ob allen angehenden Ehemännern – puh, wie das klingt – so dabei das Herz klopft wie mir? Gut, daß man nur einmal heiratet!

Als ich übrigens das letzte Mal zu Hause war – Du hattest Dienst –, habe ich bei Deinen Eltern Holz gespalten. Sie sollen sehen, daß ich mich zumindest mit meiner Arbeitskraft etwas beteilige.

Bis mein Studium in Heidelberg beginnen wird, werden noch einige Monate dahingehen. Ich habe mich schon überall in der Umgebung von zu Hause nach Arbeit umgehört. Möglicherweise kann ich in der Holzfabrik für einige Zeit als Hilfsarbeiter eine Stelle bekommen. Das wäre natürlich super. So könnte ich etwas Geld ansparen, das wir hinterher dringend brauchen werden.

Mein Bruder hat übrigens noch einen alten Herd, den er uns schenken will. Wenn Deine Eltern einverstanden sind, können wir ihn in unserem Zimmer aufstellen und dann unsere ersten Kochübungen gemeinsam starten. Aber Du kannst das ja alles schon. So, ich hoffe, Du übst bereits fleißig Deinen neuen Namen, damit Du auf dem Standesamt nicht falsch unterschreibst!

Ich bin ja so glücklich!

Dein Markus

Von Stefanie an Markus

Lieber Markus,

so froh und voller Erwartungen habe ich mir bei der Oberin einen Termin zum Gespräch geben lassen. Als ich aber mit ihr redete, war alles ganz anders als ich erhoffte. Sie meinte, sie könne mich nicht daran hindern, aber sie persönlich fände es besser, sich ganz auf die Ausbildung zu konzentrieren, als nur das Heiraten im Kopf zu haben. Zusätzlichen Urlaub könne sie mir nicht geben. Ich stehe noch im Schülerinnenstatus.

Bumm! Das war wie ein Schlag auf den Kopf. Aber was soll's! Wir werden heiraten und auch ohne großen Urlaub glücklich sein!

Ich grüße Dich, mein heißgeliebter Schatz!

Deine Stefanie

Von Markus an Hans-Joachim Heil

Lieber Hans-Joachim,

nicht mehr lange, und wir werden am Ziel sein. Wie ich mich freue! Es gibt keine Worte dafür.

Dieser Tage geriet ich in starke Versuchung, wieder einmal zu masturbieren. Mit Gottes Hilfe schaffte ich es, meine Gefühle unter Kontrolle zu bringen. Da wurde ich natürlich sehr stark daran erinnert, wie ich in unseren ersten Wochen und Monaten unserer Freundschaft an diesem Problem fast zugrunde ging. Der Grund, warum ich mich später nicht mehr meldete, war, daß ich mehr und mehr lernte, meine Gefühle in die richtigen Bahnen zu lenken. Nicht, daß ich es immer geschafft hätte. Aber ich war nicht mehr so hilflos ausgeliefert. Ich danke Dir von ganzem Herzen, so aus dieser Gefangenschaft herausgekommen zu sein.

Und ich danke Gott, der mir das Geschenk des Kennenlernens mit Dir gab – und das Geschenk Deiner Freundschaft.

Herzlich

Dein Markus

Von Markus an Stefanie

Liebe Stefanie,

wie freue ich mich, daß wir bald ganz zusammengehören werden – Du, meines Herzens liebstes Mädchen, bald wirst Du meine Frau sein. „Das ist meine liebe Frau", werde ich dann bei der Vorstellung sagen. Irgendwie klingt das auch lustig, so erwachsen, findest Du nicht auch? Aber erwachsen oder nicht, das ist mir egal. Wenn Du nur mir gehörst!

Ich werde in den nächsten Monaten hoffentlich etwas Zeit finden, um mich in Heidelberg nach einer winzigen Wohnung für uns umzusehen. Wir werden eng zusammenrücken müssen, wenn wir finanziell klarkommen wollen. Aber das macht nichts. Ich freue mich auf die Nähe mit Dir nach all den Trennungen.

Was mich noch weit mehr bewegt, ist die Frage, wie wir es mit der Kinderplanung halten wollen. Hast Du Dir darüber schon Gedanken gemacht?

Ich umarme Dich liebevoll!

Dein Markus

Von Stefanie an Markus

Lieber Markus,

danke, daß Du alles so tatkräftig in die Hände nimmst. Ich wäre froh, wenn Du eine Arbeit finden könntest, weil wir dann einfach von den Eltern unabhängig wären. Irgendwie tut es mir leid, wenn wir sie zu arg belasten.

Eine kleine Wohnung in Heidelberg wäre natürlich optimal, aber die Mieten dort sind sehr teuer. Die Einrichtung bereitet mir nicht soviel Kopfzerbrechen. Ich brauche keine Luxusmöbel, um mich wohl zu fühlen. Und um so mehr können wir uns später an jedem neuen Möbelstück freuen.

Etwas mehr Kopfzerbrechen bereitet mir Deine Frage bezüglich der Kinderzahl. Je näher der Tag unserer Hochzeit kommt, um so mehr wird mir klar, wie wenig ich im Grunde von Dir weiß. Wünschst Du Dir eigentlich Kinder?

Ich küsse Dich!

Deine Stefanie

Von Markus an Stefanie

Geliebte Stefanie,

zuallererst wünsche ich mir Dich! Du bist mir so kostbar, daß ich mir auch ein Leben ohne Kinder vorstellen könnte. Aber ich mag auch Kinder. Für mich ist es eigentlich noch nicht faßbar, eines Tages solch ein kleines Wesen im Arm zu halten und zu wissen: das ist ein Teil von Dir und mir. Eigentlich stellt ein Kind am besten dar, was Ehe im tiefsten Grunde meint: Ein-Fleisch-Werden, untrennbar miteinander verbunden sein. Die Rückführung des Kindes in Samenzelle und Eizelle, was ja nicht möglich ist, würde auf jeden Fall für das Kind den unweigerlichen Tod bedeuten. So sehe ich Kinder als Zeichen der tiefsten Gemeinschaft, als gottgewollte Einheit, als tiefstes und bestes Symbol dafür, wozu Gott die Ehe geschaffen hat: mit dem geliebten Menschen auf immer verbunden zu sein. Die Trennung käme somit dem Tod gleich.

Doch so weit sollten meine Gedanken eigentlich nicht schweifen. Ja, ich wünsche mir Kinder. Allerdings weiß ich momentan nicht, wie wir dann beide unsere Ausbildung beenden könnten. Es ist lieb, daß Deine Mutter einspringen würde. Aber ich meine, daß Kinder zu ihren Eltern – und nicht zu ihren Großeltern – sollten.

In Liebe

Dein Markus

P.S.: Wieviele Kinder wünschst Du Dir?

Von Stefanie an Markus

Lieber Markus,

Du fragst mich, wieviele Kinder ich einmal haben möchte. Diese Frage erfüllt mich mit einer großen Freude. Doch ob Dich meine Antwort erschrecken wird? Ich möchte viele haben, mindestens sechs oder sieben! Wir sind ja nur drei zu Hause gewesen. Es war eine schöne Zeit, ausgenommen die Streitereien natürlich, die gelegentlich ziemlich heftig waren.

Ich merke, wieviel leichter ich mich hier in der Fremde zurechtfinden kann als die Einzelkinder in unserem Kurs und wieviel weniger Kontaktschwierigkeiten ich sowohl mit Schulschwestern als auch mit Patienten habe.

Solange ich mich erinnern kann, habe ich mir eine große Familie gewünscht. Meine zehn Puppen liegen alle zu Hause in der Truhe, große und kleine. Von keiner konnte ich mich bis heute trennen. Früher brachte ich sie jeden Abend zu Bett, morgens wurden sie liebevoll geweckt. Wenn ich an Feuer oder Hausbrand dachte, so wußte ich, daß es das Erste sein würde, meine Puppenkinder in Sicherheit zu bringen.

Mutter hat oft über meine Kinderwünsche gelacht. „Das wird Dir schon vergehen, wenn Du einmal merken wirst, daß Menschenkinder sich nicht so einfach wie Puppenkinder zu Bett bringen lassen." Ob Du auch über mich lachst oder vielleicht sogar entsetzt bist? Ihr wart ja auch nur zu zweit zu Hause.

Woher mein großer Kinderwunsch stammt, weiß ich eigentlich nicht zu sagen. Diese Sehnsucht ist in mir – und seit ich Dich kenne, ist sie gewachsen. „Kinder sind eine Gabe des Herrn", heißt es in Psalm 127. Dieser Vers bewegt mich besonders in einer Zeit, in der so vieles machbar geworden ist. Ich kenne eigentlich keinen, der sich wirklich Kinder wünscht. Kinder sind eher etwas, was es dauernd zu vermeiden gilt.

Für uns würde es allerdings sehr schwierig werden, wenn ich schon bald nach der Hochzeit schwanger wäre. Arbeit auf der Station, Examensvorbereitungen und dazu das Getrenntsein von Dir wären sicher schwer zu ertragen. Auch für das kleine Kind in mir, das sich entwickeln würde, wäre dies sicher nicht der beste Start fürs Leben. Von daher ergibt sich natürlich die Frage, wie wir das lösen könnten.

Für die Pille kann ich mich absolut nicht begeistern. Ich käme mir krank vor, wenn ich jeden Tag eine Tablette einnehmen müßte. Auch für die Spirale kann ich mich nicht entscheiden. Hier im Krankenhaus entfernten wir vor einiger Zeit bei einer Operation eine Spirale, die bis in die Bauchhöhle vorgedrungen war. Du kannst Dir vielleicht vorstellen, wieviel Schmerzen da vorausgegangen waren.

Am meisten vertraut bin ich eigentlich mit einer natürlichen Empfängnisverhütung. Da ich seit Jahren meinen Zyklus beobachte, kann ich ziemlich gut abschätzen, wann meine fruchtbaren Tage sind. Das einzige Problem wird dabei sein, daß wir uns oft in den kommenden Monaten nur am Wochenende sehen werden.

Hoffentlich finden wir noch vor der Hochzeit die Möglichkeit, diese Fragen mit Hans-Joachim und Ruth zu besprechen.

Deine Stefanie

Von Markus an Stefanie

Meine liebe, kleine Braut,

Deine Briefe sind mir so kostbar. Du kannst Dir gar nicht vorstellen, was sie mir bedeuten. Jeden Morgen warte ich auf Deine Post und bin ganz unruhig, wenn der Briefträger einmal etwas später kommt. – Wie freue ich ich, daß wir über alle Fragen in Offenheit schreiben dürfen, weil wir immer mehr auf dem Weg zu einem großen Ziel sind. Jeder Tag bringt uns unserer Ehe einen Schritt näher.

Gerne hätte ich über viele Fragen, die Dich bezüglich Deiner Menstruation bewegen, mehr Klarheit. Ich zitiere aus einem etwas älteren Buch „Die Ehe, das Geheimnis ist groß“ von Dr. Bovet (Katzmann-Verlag, Tübingen)*. Soweit ich ihn verstanden habe, ist gerade bei der Frau ein noch viel größerer Zusammenhang von Seele und Körper vorhanden:

„Mann und Frau unterscheiden sich nicht nur in einigen körperlichen und seelischen Merkmalen, sondern sie sind von Grund auf und bis in alle Einzelheiten verschieden, etwa wie ein Bild von Rembrandt und eines von Raffael... Die Frau erfaßt auch die Zusammenhänge ganzheitlich, als natürlich gewachsen und gegeben, sie hat deshalb einen erhaltenden, oft konservativen Zug. Für den Mann dagegen ist alles aus Teilen zusammengesetzt, deshalb kann es auch wieder zerlegt und abgeändert werden.

... Die Fähigkeit, aufzubauen und zu zerlegen, begründet die spezifisch männliche Logik. Für ihn sind 2 x 2 = 4, immer und überall. Für die Frau dagegen sind 2 x 2 nie genau 4, sondern, je nach Umständen, bald 3,9, bald 4,1. Der Mann schilt sie deshalb unlogisch ...

Auch ihre eigene Person erlebt die Frau als eine Ganzheit. Körperliche Unpäßlichkeit, Müdigkeit oder Wettereinflüsse wirken leichter auf ihre seelische Stimmung, während umgekehrt seelische Einflüsse oft Migräne, Herzbeschwerden usw. auslösen ... Der Mann nennt das gern „hysterisch". Näher gesehen erweist sich aber diese leib-seelische Harmonie der Frau als ein eher zweckmäßiger Schutz; denn durch die stärkere Trennung von „Leib" und „Seele" vermag der Mann sich körperlich zu ruinieren, ohne es seelisch wahrzunehmen, und seelisch die schwersten Irrwege zu gehen, ohne körperlich zu leiden. Es fehlt ihm an Warn- und Bremsvorrichtungen."

Es ist wirklich wahr, daß beim Mann Seele und Körper weitgehend voneinander getrennt sind. Am deutlichsten erlebte ich es anläßlich der Vorbereitung fürs Abitur. Eineinhalb Monate lang schuftete ich von morgens bis nachts und hatte selten mehr als 3 oder 4 Stunden Schlaf. Du weißt, ich habe eine große Energie und einen starken Willen. Dies brachte mich seelisch überhaupt nicht aus dem Gleichgewicht, ja ich hatte sogar herrliche Höhenflüge bei diesem ganzen Einsatz. Mein Körper war Nebensache, und ich schenkte ihm keine Beachtung. Monate später stellten sich dann die Folgen ein: zu hoher Blutdruck, Schwindel, Schilddrüsenüberfunktion ... Überarbeitungserscheinungen, die inzwischen dank ärztlicher Behandlung wieder verschwunden sind. Es ist bei mir so, daß, wenn seelische Bedrückungen oder Kummer kommen, ich um so mehr in der Arbeit aufgehen kann, um zu vergessen.

Wir Männer kennen gar nichts, was einer Periode gleichkäme. Vielleicht würden wir sonst mehr einen Zusammenhang zwischen Seele und Körper verspüren.

Mich interessiert brennend der Zusammenhang von Körper und Seele bei Dir. Wie gerne wüßte ich mehr über das Sich-Ankündigen der Regelblutung, über Schmerzen, über Deine Gefühle dabei. Ich habe nur äußerst verschwommene Vorstellungen darüber, eigentlich kenne ich nur den Namen dieser Dinge. Noch nie habe ich es gewagt, jemand hierüber Fragen zu stellen, einerseits aus eigener Scham, andererseits, um den anderen nicht in eine unangenehme Lage zu bringen.

Fast wag ich nicht, Dir solche Fragen zu stellen. Doch Du selbst hast sie angesprochen. Ich möchte jedoch nicht, daß Du

Dich innerlich bloßgestellt fühlst. Bitte, tu Dir selbst nicht dabei weh. Du kannst die Fragen einfach übergehen oder auch später darauf eingehen. Ich bin stolz, eine so wunderbare Braut zu haben!

In tiefer Liebe

Dein Bräutigam

* „Die Ehe, das Geheimnis ist groß", Theodor Bovet, Katzmann-Verlag, Tübingen, 4. Auflage, 1962.

Von Stefanie an Markus

Mein lieber Verlobter,

danke für Deinen ausführlichen Brief und alle Zitate von Dr. Bovet. Ja, es ist schon so, wie er sagt, daß bei uns Frauen 2 + 2 selten 4 ergibt. Ja, noch mehr, selbst die Angelegenheit, die einen an einem Tag kaum bewegte, kann an einem anderen ein gewaltiger Berg sein. Ich kann gut verstehen, warum die Männerwelt uns Frauen als unlogisch empfindet. Die ist auch ein Punkt, den ich an Dir bewundere. Dein Nein ist ein Nein, Dein Ja bleibt ein Ja. Dies nehme ich gelegentlich mit Schmerzen wahr, aber grundsätzlich freue ich mich, daß Du bei Deiner Überzeugung, die Du einmal gewonnen hast, bleibst. Ich bin sehr spontan, doch ich bin dabei oft auch unglücklich, denn nach einer getroffenen Entscheidung frage ich mich manchmal selbst, ob sie richtig war – eben je nach Stimmung. So gibt es Tage, an denen ich mich so richtig freuen kann, wenn ich an unsere Hochzeit denke, und andere, an denen ich mich sorge, ob Hochzeits- und Examensvorbereitungen überhaupt gleichzeitig zu bewältigen sind. Ob Du nun schmunzelst?

Es ist eigenartig mit dem Zyklus. Bei mir ereignet sich etwa alle 30 Tage ein Eisprung. In der fruchtbaren Zeit empfinde ich meist ein Hochgefühl guter Stimmung. Ich kann mich selbst so richtig gut leiden. Dieses Hoch hält etwa zwei Wochen an. Kurz vor der beginnenden Menstruation gehen meine Gefühle deutlich spürbar abwärts. Mich bedrängen dunkle Vorahnungen, ebenso habe ich den Eindruck, nichts zu leisten, fühle mich wie ein Versager dem Leben gegenüber; die ganze Welt scheint mir grau. Die Menstruation selbst gibt mir mit Zunahme der Blutung das Gefühl, krank zu sein. Ich möchte morgens am liebsten nicht aufstehen, bin müde und empfinde im Unterbauch oft ein starkes Reißen. Mit dem Abklingen der Blutung – das ganze dauert 6 bis 8 Tage – geht es mir viel besser. Der alte Elan kehrt wieder, Lebensfreude erwacht und führt mich ins Hochgefühl guter Stimmung, dem erneuten Eisprung. Unser jetziges Zusammensein ist viel unkomplizierter, denn die Vorfreude auf Dich und das Zusammensein mit Dir enthebt mich für diese Stunden meiner sämtlichen negativen Gefühle.

Du kannst nun erahnen, was noch alles auf Dich zukommen wird. Ob Du mich dennoch – und gerade dann wird es sehr wichtig für mich sein – lieben kannst ?

Deine Stefanie

Ein Traugespräch

Der Termin unserer Hochzeit rückt immer näher. Wir haben den großen Wunsch, daß Hans-Joachim uns trauen wird. Heute hat er uns nun zu einem Gespräch zu sich eingeladen. Ruth führt uns ins Wohnzimmer. Irgendwie hatte ich etwas Angst vor diesem Gespräch, aber in der gemütlichen Atmosphäre bei Kaffee und Kuchen legte sich meine Aufregung. Hans-Joachim fragte uns dann doch einige ungewöhnliche Dinge. Er schaute uns recht streng an und fragte uns mit ernster Stimme: „Habt ihr schon einmal richtig miteinander gestritten?" Könnte er nicht etwas Leichteres fragen? dachte ich im Stillen. Ich blickte zu Markus, und gemeinsam nickten wir mit gesenktem Blick. – Hätte er nicht fragen können, ob wir uns liebten, ob wir uns verstünden oder vielleicht auch, was uns zu diesem Schritt bewogen hatte? Ausgerechnet diese Frage! Natürlich hatten wir uns schon gestritten, und gar nicht wenig. Markus ist ein rechter Stubenhocker und bleibt am liebsten zu Hause. Ich bin gerne unterwegs. Ich liebe Musik, er wissenschaftliche Vorträge. Dies alles hat schon zu allerhand Konfliktstoff geführt, allerdings auch schon viele gute Gespräche bewirkt. Auf unser Kopfnicken hin nun befürchtete ich die Antwort: Wenn ihr euch jetzt schon streitet, wie soll das dann später werden? Doch Hans-Joachim antwortete uns: „Dies ist nur der Anfang. Es wird noch allerhand Dinge geben, über die ihr verschieden denkt. Das ist normal und sogar bereichernd. Eines aber ist wichtig. Ihr müßt wissen, ob ihr einander vergeben könnt. Dies ist für euer ganzes Leben entscheidend."

Beglückend war für mich zu hören, was Ruth danach anfügte. Sie erzählte uns, daß bei ihrer Hochzeit Walter Trobisch ihnen damals die gleiche Frage gestellt hatte. Schmunzelnd berichtete sie, wie sie jenen ängstlichen Ausdruck in meinen Augen bemerkt hatte, den sie selbst damals ähnlich empfunden hätte bei der Frage: „Habt ihr schon einmal gestritten?" „Inzwischen", berichtete sie, „sind zwischen uns schon viele

Wortgefechte gelaufen. Vergebung ist unheimlich wichtig für jeden Neuanfang."

Leider sind Hans-Joachim und Ruth zu einem Seminar unterwegs, das schon lange geplant war. So werden sie nicht bei der Hochzeit dabeisein. Doch Hans-Joachim erklärte uns, daß der Segen Gottes für eine Ehe immer von Gott kommt, nie vom Pfarrer. Und dazu meinte er, daß für das Glück unserer Ehe nicht die Hochzeit entscheidend sei. Und damit hat er eigentlich recht!

Von Markus an Stefanie

Liebe Stefanie,

es ist gut, daß wir nun vor der Hochzeit nochmals so ausführlich mit Hans-Joachim und Ruth sprechen konnten. So wurde mir einiges doch noch klarer.

Mir scheint es am besten, wir würden über die Zeit Deiner fruchtbaren Tage Kondome verwenden. Das fände ich am unkompliziertesten, weil ich dann die Verantwortung dafür übernehmen muß, oder besser gesagt, übernehmen darf. Aber ich bin gerne bereit, Dich in dieser Zeit einfach auch nur zu umarmen und meiner Liebe zu Dir andere Audrucksmöglichkeiten zu geben. Ich glaube nur, es wird nicht ganz einfach sein, wenn ich Dich erst einmal ganz haben darf, dann wieder zu verzichten. Aber wenn Dir das am liebsten ist, soll es auch für mich einen Weg geben.

Ich freue mich sehr auf Dich.

Der allerglücklichste Mensch auf dieser Erde.

Tagebuch

Gedanken zur Hochzeit

So viele Gedanken gehen durch meine Sinne: Wird Markus mich noch so innig lieben, wenn wir einmal verheiratet sein werden? Wird er dann noch Zeit für mich haben, noch etwas für mich empfinden? „Die Brautzeit soll die schönste Zeit des Lebens sein", wenn das stimmt, so frage ich mich, ob wir uns wirklich auf die Ehe freuen sollen! – Und ich freue mich so sehr darauf! – Gerade deshalb habe ich auch solche Sorge, daß alles in Enttäuschung enden wird! Aber es wird auch an mir liegen! Ich bitte Gott, daß er uns eine tiefe, reine Liebe zueinander schenken möge!

Wollten nicht alle Menschen, die einmal heirateten, miteinander glücklich werden? Liebten sie sich nicht, oder nicht genug? Warum sind nur so viele Menschen miteinander unglücklich? In der Tat, ich finde keine Handvoll Ehepaare oder Familien in unserem Bekannten- und Verwandtenkreis, die ich als glücklich bezeichnen würde. Oder habe ich falsche Vorstellungen darüber, was Glück ist? Warum heirateten meine Eltern? Wenn ich die Gedichte lese, die mein Vater in seiner Verlobungszeit an meine Mutter schrieb, so finde ich in vielem meine eigene Sehnsucht wieder. Ich bin überzeugt, daß sie sich immer noch lieben. Aber warum nehmen sie sich dann so wenig Zeit füreinander? Warum umarmen sie sich nicht?

Oder weiß man im Laufe der Jahre, daß man einander liebt? Braucht man vielleicht nicht mehr diese Zeichen, nach denen man sich in der Verlobungszeit so sehr sehnt? Es gibt wenige Ehepaare, die sich nach der Hochzeit noch bei den Händen halten. Bei alten Menschen fällt mir auf, daß sie nebeneinander hergehen und oft zwischen sich mehr als einen halben Meter Abstand haben. Drückt dieser Abstand nicht auch ihre innere Haltung aus? Und dann sehe ich junge Paare, aneinandergeschmiegt, so eng wie nur eben möglich. Oft trennen sie sich nach wenigen Wochen wieder, völlig enttäuscht voneinander! Also kann der Körper auch keinen Ausdruck geben über wirkliche Liebe. – Was aber ist wahre Liebe?…

Von Stefanie an Ruth Heil

Liebe Ruth,

nun warte ich seit all diesen Monaten voller Sehnsucht auf unsere Hochzeit. Der Abstand zwischen uns wird immer kleiner. Ich liebe es, seinen Körper an dem meinen zu fühlen, wenn wir uns umarmen und küssen. Ja mehr noch, ich freue mich auf den Augenblick, wenn alle Hüllen fallen werden und keine Verbote uns mehr daran hindern, uns einander ganz schenken zu dürfen. Und trotzdem, es ist eigenartig, daß ich bei dem Gedanken an unsere erste Begegnung Angst empfinde. Ist das normal? Oder bin ich verklemmt geworden durch all diese Monate der Wartezeit?

Bitte schreib mir doch bald!

Deine Stefanie

Von Ruth Heil an Stefanie

Liebe Stefanie,

Deine Gefühle sind völlig normal! Jedes Mädchen empfindet große Scheu vor diesem ersten Mal, selbst wenn es diese Begegnung will.

Diese Blockade wird allerdings bei jedem neuen körperlichen Zusammensein mehr abgebaut. Liebe sehnt sich nach immer mehr Nähe. Die Menschen, die diese Erfüllung nur in körperlicher Vereinigung suchen, bleiben mit der Zeit meist enttäuscht voneinander zurück. Sie merken, daß diese einseitige Erfüllung nicht die Kluft, die zwischen ihnen liegt, überbrücken kann.

Ihr habt nun viele Monate lang eine Brücke zueinander gebaut. Ihr habt Enttäuschungen hinter Euch. Das heißt, Ihr mußtet das Bild, das Ihr vom anderen hattet, eintauschen gegen die Realität, die Ihr wahrnahmt. Da war Schmerz, aber auch Gewinn.

Ihr habt die letzte Kluft körperlicher Zuneigung einander vorenthalten. Nun schenkt Gott Euch dieses letzte, fehlende Teil der Brücke. Es ist die Freude übereinander und aneinander, die Euch nun dazugegeben wird, wenn die Last des Alltags so manches Mal die Freude ersticken will.

Sexualität ist etwas Wunderbares. Wenn sie aber nicht in den festen Rahmen einer Ordnung eingebunden ist, gleicht sie einem überfluteten Land, wirkt zerstörerisch, ausbeutend, und die Spuren sind verheerend. Eingebunden in den Rahmen der Treue wirkt sie dagegen bereichernd für beide Partner und führt zum Wachstum.

Das Hohelied zeigt deutlich, daß Gott genauso, wie er uns geschaffen hat, uns einander in der Ehe zur Beglückung schenken will. Ihr braucht Euch also nicht voreinander zu schämen. Denn alles, was Gott geschaffen hat, ist gut. Ihr braucht auch keine Angst voreinander zu haben, wenn Ihr dem anderen sagen wollt, was Ihr als schön oder weniger schön in Eurer Begegnung empfindet. Ja, es ist geradezu notwendig, daß Du Markus Deine Gefühle mitteilst.

Die meisten unverheirateten Frauen haben Angst vor dieser Nacht. Wenn Du das aufgerichtete Glied Deines Mannes als bedrohlich empfindest, so geht es Dir dabei wie vielen anderen auch. Denkt nur nicht, Ihr müßtet in Eurer Hochzeitsnacht perfekt sein! Ihr habt noch viele Ehejahre vor Euch, um einander mehr und mehr zu entdecken.

Seid nicht verkrampft! Ihr handelt im Sinne Gottes und unter seinem Schutz. Viele Frauen meinen, das Licht löschen zu müssen, wenn sie ihrem Mann begegnen. Erfahrungsgemäß empfindet es aber der Mann als besonders schön, seine geliebte Frau auch zu sehen. Und Gott freut sich daran, wenn Ihr dieses Geschenk von ihm auskostet. Ihr steht unter seinem Segen.

Bei jeder neuen körperlichen Begegnung wirst Du die Angst mehr verlieren. Diese Ausschließlichkeit, mit der Ihr Euch dann begegnen dürft, wird Euch tief beglücken.

Es grüßt Dich herzlich

Deine Ruth

Von Markus an Hans-Joachim Heil

Lieber Hans-Joachim,

nun fiebere ich all diese Jahre dem Tag unserer Hochzeit entgegen, und jetzt, da er vor der Tür steht, empfinde ich doch auch Angst. Eigenartig, denn manchmal kommen mir sogar Fluchtgefühle. Ich fühle mich noch gar nicht so recht fähig, Verantwortung für Stefanie zu übernehmen. Während ich dies schreibe, wird mir bewußt, daß sie ja kein Kind ist, das ich betreue. Trotzdem fällt mir kein besseres Wort dafür ein. Ich habe Angst, diese Bindung vielleicht nicht aushalten zu können. Habe ich mich vielleicht in meiner Liebe geirrt? Nein! Obwohl ich Stefanie von Herzen mag, fühle ich mich auf einmal so unreif. Ist es die Angst, daß meine Entscheidungen von nun an in Frage gestellt werden könnten? Ich finde eigentlich keine richtigen Antworten. Ich schaue einer Endgültigkeit ins Auge, die ich sehnsüchtig herbeigewünscht habe. Nun, da sie eintrifft, bin ich nicht mehr sicher, ob ich sie wollte. Dazu kommt meine Angst vor unserer ersten Begegnung miteinander. Ich habe wirklich keine Ahnung, wie das gehen wird. Ich glaube, ich werde mich etwas unbeholfen anstellen. Kann ich nochmals zu einem Gespräch kommen oder schreibst Du mir vorher?

Danke!

Dein Markus

Von Hans-Joachim Heil an Markus

Lieber Markus,

Du heiratest ein unberührtes Mädchen. Dies ist in unserer Zeit eine Seltenheit. Aber Deine Stefanie heiratet auch einen unberührten jungen Mann. Und dies ist eine noch größere Seltenheit. Ich freue mich von ganzem Herzen mit Euch beiden.

Eure Hochzeitsnacht wird nicht unbedingt ein rauschendes Fest sein. Wahrscheinlich werdet Ihr beide etwas unbeholfen sein. Für ein reines Mädchen wirkt ein ausgezogener Mann eher angsteinflößend als anziehend. Habt Geduld miteinander! Überfordere Stefanie nicht! Ihr habt noch viele Tage und Wochen und Jahre vor Euch, um einander auch in dieser Hinsicht ganz tief zu beschenken. Für eine Frau ist weniger die „Technik" wichtig, als das Gefühl, vom anderen ganz angenommen zu sein. Dann erst kann sie sich ganz öffnen. Lernt von Anfang an, einander nichts vorzumachen! Sprecht ganz offen darüber, was Ihr als schön und was Ihr als weniger schön empfindet. „Sie waren beide nackt und schämten sich nicht", heißt es von Adam und Eva. Nacktheit ist ein Ausdruck dafür, daß man nichts vor dem anderen verbergen muß. Wer sich innerlich dem anderen ganz enthüllt (d.h. die Hüllen abgetan hat), mit allen Schwächen, der ist fähig, eine Ehe einzugehen. Sich körperlich schenken zu dürfen, ist quasi Gottes Hochzeitsgeschenk an Euch. Ich wünsche Euch tiefe Erfüllung dabei. Die meisten jungen Menschen gehen heute in die Ehe und kennen alle technischen „Tricks" der körperlichen Begegnung. Und trotzdem wissen sie eigentlich fast nichts voneinander. Sonst müßte es nur glückliche Ehepaare geben. Ihr habt viele Jahre vor Euch, um einander in immer neuer Weise zu entdecken.

Ich grüße Dich in Mitfreude

Dein Hans-Joachim

Von Stefanie an Markus

Mein lieber Markus,

nun bin ich auch noch krank geworden! Eine Grippe hat mich fest gepackt. Ich liege mit ziemlichem Fieber im Bett. Wenn es bis morgen nicht besser sein wird, wollen sie mich stationär aufnehmen. Hedi spielt momentan Laufbursche für Deine Briefe. Sie ist wirklich lieb.

Die Karten sind schon verschickt. Ob wir die Hochzeit nicht besser verschieben sollten? Es ist ziemlich unklar, wie lange ich krank sein werde. Bitte bete für mich.

Bis bald

Deine müde Stefanie

Von Markus an Stefanie

Meine liebe, kranke Stefanie,

morgen geht mein Dienst hier zu Ende. Dann werde ich gleich zu Dir fahren, um zu sehen, wie es Dir geht. Alles Weitere laß uns dann besprechen.

Ich fiebere ja auch, aber vor lauter Aufregung und Freude. Und diese Krankheit ist ja glücklicherweise nicht ansteckend.

Sei in Liebe geküßt

von Deinem Markus

P.S.: Du, ich wußte früher oft nicht so genau, wo das Herz seinen Platz im Körper hat. Nun weiß ich es, denn es hüpft Tag und Nacht in mir, vor lauter Freude.

Tagebuch

In diesen Tagen wurde ich neu an Vers 5 aus Psalm 37 erinnert, den wir uns zur Verlobung ausgesucht hatten:

„;Befiehl dem Herrn deine Wege und hoffe auf ihn! Es wird's wohl machen."

Es ist wirklich so, daß er alles viel besser planen kann als wir. Am Dienstag kam unsere Personalärztin zu mir ins Wohnheim, um zu entscheiden, ob ich ins Krankenhaus eingewiesen werden müsse. Doch das Fieber war auf 38,5 gesunken. Ich fühlte mich auch schon sehr viel besser. „Wenn das Fieber weiter so sinkt, können Sie in zwei Tagen nach Hause fahren und sich dort auskurieren", schlug sie vor. „Ich gebe Ihnen zwölf Tage Schonungszeit dafür". Es ist nicht zu fassen! Wir können nun in aller Ruhe die letzten Vorbereitungen treffen, und das zusammen! Und dann werden wir nach der Hochzeit noch fast eine Woche Zeit haben, um beieinander zu bleiben. Ich bin so unheimlich froh und kann Gott immer wieder nur danken für seine Liebe, die er uns entgegenbringt, und für sein perfektes Planen.

Von Stefanie an Ruth Heil

Liebe Ruth,

in dieser Woche vor der Hochzeit denke ich oft an Dich. Wie hätte sich wohl unsere ganze Verlobungszeit gestaltet, wenn wir Dich nie kennengelernt hätten? Ich bin so unendlich dankbar, daß Du uns damals an Ostern angesprochen hast!

Danke für alle Briefe, für alle Gespräche. Sie waren mir unheimlich wichtig, und ich habe viel gelernt. In den ersten Monaten habe ich zu sehr an Markus „geklebt". Es fiel mir schwer, ihn nicht ständig durch meine Gefühle an mich zu ketten. Mir erscheint dies die wichtigste Lektion für mich, weil ich dadurch gelernt habe, selbst etwas durchzustehen, ohne mich sofort an ihn zu hängen.

Vielleicht ist auch dies einer der Schlüssel, warum wir zusammengeblieben sind. Für mich war dieses 'Ihn-Loslassen', ohne ihm dabei Vorwürfe zu machen, einer der größten Lernprozesse dieser Zeit.

Dazu kommt, daß es uns gelungen ist, bis heute nicht miteinander zu schlafen. Es war ein großer Kampf, aber irgendwie bin ich stolz darauf, daß wir es geschafft haben. Natürlich weiß ich auch, daß Gott uns letztlich die Kraft dazu gab. Und ebenso ist mir klar, daß ohne Deine Hilfe manches anders gelaufen wäre.

Ich danke Dir, daß Du nicht müde wurdest, uns immer neu Mut zu machen und uns anzusprechen!

Herzlich

Deine Stefanie

Tagebuch

Unsere Hochzeit

Es sind in der Kürze der Zeit nicht alle gekommen, die wir eingeladen haben. Leider war es auch nicht möglich gewesen, alle einzuladen, die ich gerne dabeigehabt hätte. Das war einfach finanziell nicht machbar. Aber vielleicht war es gut so. Markus hat sich nicht verändert und ist immer noch der Typ Mensch, der die Massen meidet. Trotzdem haben wir einen Weg gefunden, um einander auch in diesem Punkt entgegenzugehen.

Der Sinn unserer Hochzeit ist ja nicht nur, ein Fest zu feiern, sondern einander für immer haben zu dürfen und aus diesem Anlaß die anderen teilhaben zu lassen.

Ich bin froh, daß beide Eltern sich einig waren und sich nun sehr mit uns freuen.

Zu unserer Trauung waren viele Menschen zur Kirche gekommen. Der Jugendkreis sang das Lied: „O die tiefe Liebe Jesu", ein Lied, das immer neu ins Bewußtsein bringt, daß unsere innige Liebe zueinander letztlich nur ein Abglanz der unendlichen Liebe ist, mit der uns Jesus immer wieder nachgeht.

Der Pfarrer gab uns das Wort: „Nehmt einander an, wie Christus euch angenommen hat" (Röm. 15,7). Er sprach über die Erwartungen, die jeder in die Ehe einbringt, und wie dann oft schon nach Monaten, manchmal auch erst Jahren, die Erwartungen endgültig begraben werden. Die Hoffnungslosigkeit treibt zur Untreue und schließlich zur Scheidung. Jesus sagt nicht: „Nehmt einander an, wie es euch paßt oder so, wie ihr es vom anderen erwartet, – und auch nicht, daß ihr höchstens so viel annehmt, wir ihr euch selbst angenommen fühlt". Nein, Jesus will, daß wir uns ganz annehmen lernen, d.h. mit all unseren Fehlern, mit unseren Grenzen, mit allem Versagen. Ich dachte an manche Situationen unserer Freundschaft zurück, in denen wir dies schon kräftig üben mußten, um eine neue Basis miteinander zu finden. Es ist ein guter Text. Und ich hoffe, daß ich mich daran erinnern werde, wenn es mir einmal schwerfallen wird, den ersten Schritt auf Markus zuzugehen. Aber wir werden nicht allein sein. Denn Jesus geht mit!

Als der Pfarrer den Segen über uns sprach, war mir, als würde glühendes Metall über mich gegossen, das mich mit Markus zusammenschmilzt, für immer, untrennbar.

Danach sangen wir das Lied: „Lobe den Herren, den mächtigen König der Ehren." Da sang nicht nur mein Mund, sondern auch meine Seele mit unbeschreiblichem Jubel mit.

Von Stefanie an Markus

Mein lieber, mein allerliebster Mann!

Es ist der Morgen nach unserer Hochzeit. Du liegst neben mir und schläfst. Während ich Dich betrachte, gehen mir viele Gedanken durch den Kopf. Es ist eigenartig, daß Du nun neben mir bist und ich doch das Bedürfnis habe, Dir zu schreiben. So habe ich es eben in all den Monaten geübt, als ich Dich noch nicht ganz haben durfte.

Ich bin Dir das erste Mal begegnet und Du mir. Wir haben nichts voreinander zu verbergen. Kein Schatten steht zwischen uns.

Viele Jahre liegen vor uns, um zu lernen, was anderen vielleicht selbstverständlich ist. Ich freue mich darauf. Ich weiß, daß ich Dir ganz vertrauen darf. Wenn Du so lange gewartet hast, ohne mich zu bedrängen, um mich nicht zu verletzen, um mit mir gemeinsam den Weg zu gehen, so weiß ich nun, daß Du immer auf mich warten wirst, wenn ich schwach, krank oder getrennt von Dir bin.

Du wirst warten, weil wir miteinander gelernt haben, Spannungen zu ertragen. Wir haben es uns nicht leicht gemacht.

Ich danke Gott für diese Wartezeit.

Und ich danke Dir, Du, mein Allerliebster, daß Du auf mich gewartet hast.

Deine Stefanie

Für Markus

Nun hast Du Ja dazu gesagt,
daß mir Dein Leben anvertraut
und Dir das meine.
Mir ist nicht seltsam, daß ich deshalb weine –
denn meine Seele gerät ganz außer sich
über der Begegnung unseres Innersten.
Sie muß herauslassen, was tief bewegt.
Du schweigst,
Tränen verunsichern Dich.
Du versuchst zu trösten.
Ich muß Dir klarmachen,
daß es tiefstes Glück ist –
tiefinnigste Seligkeit über Deine Nähe.
Wir müssen noch vieles lernen.
Vieles wissen wir nicht voneinander.
Doch eines:
Gott ist da
in der Mitte
zwischen uns
immer neu
verbindend – verstehend – heilend

Epilog

Wir erlebten unsere Verlobungszeit ähnlich wie Markus und Stefanie. Uns ist heute klar, daß Warten die Basis war, die uns fähig machte, einander nicht nur auszuhalten, sondern uns immer lieber zu gewinnen. In den vielen Jahren unserer Ehe erfuhren wir, was erfüllte Partnerschaft bedeutet. Einer der Schlüssel dazu liegt in unserer Verlobungszeit.

Wer bereit ist, Spannungen im körperlichen Bereich bewußt aushalten zu lernen, wird leichter den Spannungsbogen einer Ehe ertragen.

Wir wünschen unseren Lesern:
Den richtigen Lebenspartner
den Mut zum Warten
und Gott in der Mitte Ihres Lebens

Hans-Joachim und Ruth Heil

Lieber Leser,
wenn durch die Lektüre dieses Buches in Ihnen persönliche oder seelsorgliche Fragen aufgekommen sind, so wenden Sie sich mit diesen bitte an einen Seelsorger Ihres Vertrauens. Gerne dürfen Sie auch an die

Family Life Mission, Postfach 1965, 77679 Kehl

wenden. Erfahrene Seelsorger werden Ihnen antworten. Ihre Anfragen werden selbstverständlich vertraulich behandelt.

Hans-Joachim & Ruth Heil

Teils sonnig, teils bewölkt

Taschenbuch, 104 Seiten
Nr. 854.015
ISBN 3-8782-7015-1

Heiteres und Besinnliches aus dem Familienalltag zum Schmunzeln, Lachen, Lernen … Geben Sie dem grauen Alltag keine Chance, Ihre Ehe und Familie zu zerstören!

Ruth Heil

Du in mir

Paperback, 136 Seiten
Nr. 854.038
ISBN 3-87827-038-0

Ruth Heil gibt Einblicke in ihr Tagebuch! Sie erzählt von Schwangerschaft und Geburt, von Ihren Gefühlen, ihrer unbeschreiblichen Freude, ihren Höhen und Tiefen. Ein Buch nicht nur für (werdende) Mütter liegt hier in der Neubearbeitung vor!

Ruth Heil

Mit 40 fängt »frau« an zu leben

Paperback, 192 Seiten
Nr. 854.159
ISBN 3-7751-9159-3

Die zweite Lebenshälfte bietet der Frau die Chance größerer Entfaltung. Vieles ist erstmals möglich und das Frausein beginnt mehr Freude zu bereiten als zuvor. Die Jahre nach 40 bringen nicht Abbau, sondern Tiefe und Reichtum.

Ruth Heil

Ganz vertraulich, ganz fraulich

Paperback, 150 Seiten
Nr. 854.158
ISBN 3-7751-9158-5

Themen, die Frauen bewegen:
● Ich komme zu kurz ● Die liebe Schwiegermutter ● Stille Zeit für Hausfrauen ● Die mittleren Jahre ● u.a.m.
Ein Buch für Frauen, damit sie sich besser verstehen – und für Männer, die wissen möchten, was in einer Frau vor sich geht.

Bitte fragen Sie in Ihrer Buchhandlung nach diesen Büchern!
Oder schreiben Sie an den Hänssler Verlag, D-71087 Holzgerlingen.